스마트폰 다루기, 키오스크, 피싱 예방, 한 권의 책으로

폰맹 탈출 왕초보
스마트폰 활용 교재

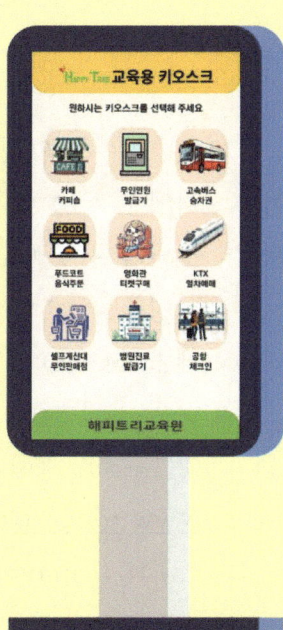

디지털 똥손에서 금손으로 바뀌는 시간
왕초보 어르신을 위한 필수 도서

저자 서영주 서승미 홍희정 김은미 임은주 이유진

토마토의 멋진세상

폰맹 탈출 왕초보
스마트폰 활용 교재

발 행 일	2025년 02월 25일
지 은 이	서영주 서승미 홍희정 김은미 임은주 이유진
발 행 처	도서출판 토마토의멋진세상
발 행 인	서영주
출판등록	제2024-000096호
주　　소	수원시 팔달구 인계로124번길 19, 7-1-02호
대표전화	031-407-0925
홈페이지	www.tomatokorea.com
이 메 일	ss1454@naver.com

🅇 서영주 2025

※ 본 도서는 저작권법에 따라 보호를 받는 저작물로 무단전재 및 복제를 금지합니다. 본 책의 내용 전부 또는 일부를 사용하려면 반드시 저작권자의 동의를 받으셔야 합니다.

* 본 도서는 국립중앙도서관 출판 목록에 등록되어 있습니다.
* 책값은 뒤 표지에 있습니다.
* 잘못된 책은 구입하신 곳, 또는 구입하신 인터넷 사이트에서 바꿔드립니다.

스마트폰 교육

키오스크 교육

교육장소: 노인복지관, 행정복지센터, 마을회관, 경로당, 노인복지센터, 노인대학, 평생교육원, 노인회관, 요양원, 어르신돌봄센터, 자원봉사센터, 노인종합복지관, 노인일자리센터, 주민자치회, 동사무소, 어르신행복센터, 노인복지시설 등

폰맹 탈출 왕초보 스마트폰 활용 교재

'비싼 스마트폰 들고 있으면 뭐해 사용할 줄 알아야지.' 연장자분들이 저에게 자주 하는 말씀입니다. 이제 스마트폰 없이는 살아가는데 불편함이 있는 세상입니다. 하지만 알고 나면 쉽고 편리한 기기임에 분명합니다.

온라인으로 하고 싶은 것, 아이들과 소통하고 싶은 것, 검색하고 싶은 것, 쇼핑 등을 혼자서 할 수 있으려면 휴대폰 기본 기능과 사용 방법을 알아야 됩니다. 누군가 알려주는 사람이 필요하고 혼자서 직접 해보고 복습하는 것도 필요합니다.

어르신들 강의를 마치고 나면 쉽게 알려줘서 감사하다는 말씀을 하십니다. 그래서 저는 "오늘 내용 잘 따라 해 주셔서 감사합니다. 이제 혼자서도 잘할 수 있으시겠어요?" 질문하면 "소 귀에 경 읽기여.", "선상님이 계시니까 한 거지 집에 가면 싹 다 까먹어." "우덜을 잘 몰라서 그랴. 돌아서면 잊어버려." "다음에 한 번 더 해주면 안될까?", "벌써 10번이 다 간겨? 이제 좀 알 것 같은디"라고 말씀하십니다. 하루 두 세시간씩 열심히 가르쳐 드려도 어렵다고 말씀하시는 분들이 계셨습니다. 처음에는 난감했어요. 열심히 목청 높여 알려드렸는데, 고개 끄덕끄덕했는데, 따라서 했는데…

어떻게 하면 내가 알려준 걸 잊지 않을까 생각하고 방법을 연구했습니다. 별거 없었습니다. 어르신들 눈높이에 맞게 쉽게 가르쳐 드리고, 잊지 않도록 반복 학습하고, 기억에 남도록 재미있게 가르쳐 드리는 것이었습니다. 그리고 하나 더 나온 질문 "오늘 배운 거 집에 가서도 공부할 수 있도록 책이 있어요?"

어르신 스마트폰 교육에 참여하시는 분들은 60대부터 80대까지 가장 많은 연령대이고, 90세가 넘으신 분들도 한두 명 정도 계셨습니다. 문제는 스마트폰이 아닌 구형 휴대폰 2G폰을 가지고 계시면서 전화 오는 것만 잘 받는 분들이 계셨어요. 이분들이야 말로 디지털 소외 계층입니다. 사실 저도 스마트폰 교육할 때 2G폰을 가지고 오시면 처음에는 그냥 지나칠 수밖에 없었습니다. 참여하신 모든 분들의 진도를 맞추려면 한 분 만 자세히 알려드릴 수가 없었습니다.

당진 산성리 마을 어르신들과 함께하는 교육은 '스마트폰반'과 '휴대폰반'으로 나눠서 수업을 했습니다. 이때 확실하게 교재가 필요하다는 것을 알게 되었습니다. 전화번호 저장하는 것만 2회차 시간을 썼고, 단축 전화 거는 것도 다음 회차에 또 물어보셨어요. 제발 어려운 거 말고 내가 알고 싶은 것 좀 잘할 수 있게 해달라고 말씀 하셨습니다.

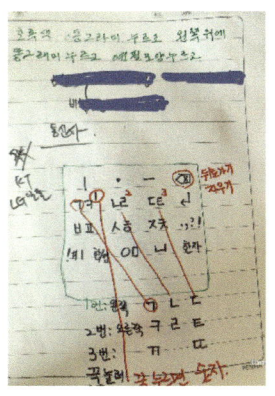 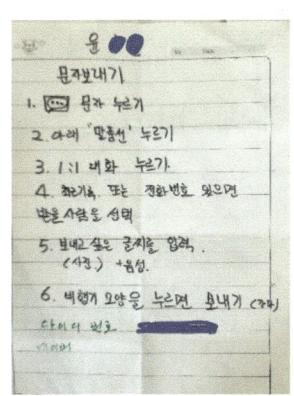 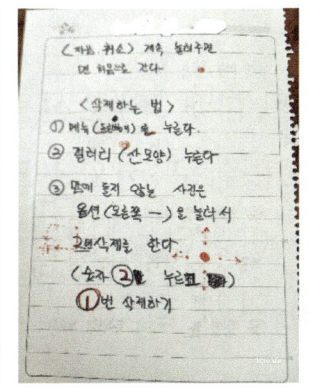 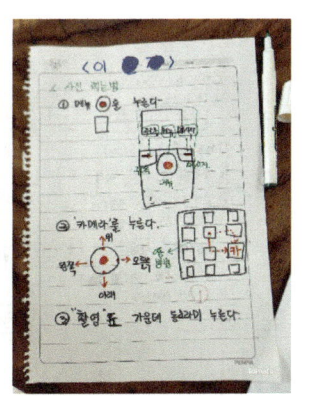

말로만 가르쳐 드리는 것이 아니고 집에 가서 볼 수 있도록 처음에는 달력에 큼직하게 써주다가 어르신 9명의 휴대폰 기종에 맞는 내용을 노트에 적어드렸습니다. 잘 접어서 집에 가지고 가시면서 흐뭇해하시고 감사하다는 말씀을 하실 때 저도 뿌듯했습니다. 보람된 일을 했다고 생각했습니다.

이 책에서는 부록을 2장에 넣었습니다. 여기에 2G폰 사용법을 담았습니다. 기본적으로 예전 구형 모델 사용법을 담았지만 기종마다 다를 수 있어 이 또한 걱정입니다.
하지만 보편적으로 공통된 사용법이니 작동하는 방법은 비슷합니다.

왕왕초보가 기초부터 배워야 할 스마트폰과 휴대폰 사용법이 많은 도움이 되실 것입니다. 요즘 극성하는 피싱 예방법과 어르신들이 두려워서 기계로 주문하는 곳은 피한다는 키오스크 사용법도 담았습니다.

SNS 마케팅 강사가 갑자기 스마트폰 교육하는 것이 처음에는 불만이었습니다. 그럼에도 서영주 강사를 필요로 하고 강의 요청에 감사한 마음으로 어르신들과 함께했고, 그들이 원하는 것을 알게 되었습니다. 스마트폰 관련한 3권의 책을 쓰면서 저의 수강생분들께 감사하다는 말씀을 전하고 싶습니다.

스마트폰 교육과 함께 어르신들에게 필요한 교육이 키오스크 교육이었습니다. 더 쉬운 키오스크 교육도 서영주 강사가 하기에는 경력과 기술이 아깝다는 생각도 들었습니다. 하지만 결과적으로는 많은 것을 얻게 되었습니다. 어르신을 위한 키오스크 개발에 성공했으니까요.

해피트리 교육용 키오스크 앱 개발과 키오스크를 출시하며 이 책을 쓰는 동안 내내 많은 생각을 하게 되었습니다. 처음에는 200 페이지 분량만 써야겠다고 생각했는데 300페이지가 넘었습니다. 욕심껏 담아봤는데 많은 도움이 되셨으면 좋겠습니다.

그동안 해피트리교육원, 토마토의멋진세상 교육을 수강하신 분들과 함께 활동하고 계신 소속 강사님들께 감사와 영광을 돌립니다.

2025년 2월 서영주 드림

이 책을 읽기 전에

1. 이 책에 설명된 스마트폰 기종은 **삼성 갤럭시 S22** 기준이며, 효도폰 2G폰은 어르신들이 많이 사용하는 휴대폰입니다. 삼성 갤럭시에서 공통적으로 사용되는 방법과 순서를 기준으로 작성했지만, 사양이 미치지 못하는 내용이 있을 수 있습니다.

2. 시니어 분들이 보시고 이해할 수 있도록 화면 그대로를 이미지화 했고, 순서대로 터치할 수 있도록 번호를 매겼습니다.

3. 이 책을 읽는 대상의 기준이 작을 글씨를 읽기 어려운 분들이어서 글씨 사이즈를 크게 만들었습니다.

4. 혹시 기종이 맞지 않을 경우, 잘 살펴 보면 비슷한 명칭과 표기가 있을 수 있으니 화면을 잘 봐주시기 바랍니다.

5. 앱 활용 시 기본적인 활용만을 담았기 때문에 메뉴를 잘 보시면 많은 기능과 풍성한 콘텐츠를 활용할 수 있습니다.

6. 혹시 더 궁금한 내용이 있으시면 '토마토의멋진세상' 블로그를 보시거나 '네이버 톡톡'으로 문의 남겨 주시면 블로그에 게시해 드립니다.
   http://blog.naver.com/ss1454

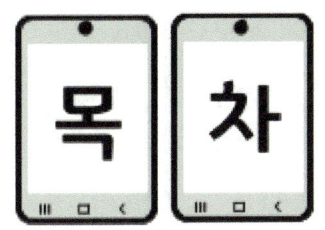

1. 스마트폰 기본 알아두기(갤럭시 기준) 15P

1. 갤럭시 스마트폰 명칭과 버튼
2. 소프트웨어 버튼 사용하기
3. 앱 실행 끄기
4. 전원 끄기
5. 휴대폰 최적화
6. 스마트폰 설정하기
7. 와이파이 연결하기

2. 폴더폰, 효도폰, 2G폰 사용법(부록) 33P

1. 효도폰, 폴더폰 종류와 기능
2. 전화번호 저장하기 및 삭제
3. 단축번호 설정 및 사용방법
4. 문자 메시지 보내기 및 삭제
5. 사진 동영상 촬영
6. 사진 보기 및 보내기
7. 와이파이 설정
8. 터치 가능한 폴더폰

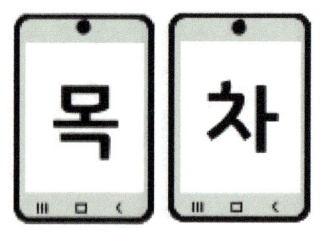

3 스마트폰 기본 활용하기 81P

1. 편리한 전화 통화 기능
2. 연락처 저장
3. 앱 실행 끄기
4. 쉽게 보내는 문자 메시지, 말로 하는 문자 메시지
5. 잠금화면 설정, 비상 연락처
6. 긴급 전화
7. 긴급 의료정보 설정
8. 보안 위험 차단

4 스마트폰 앱 활용 115P

1. 디스플레이 설정
2. 앱 설치하기
3. 앱 삭제 방법
4. 모바일 건강 보험증
5. 사진 동영상 촬영

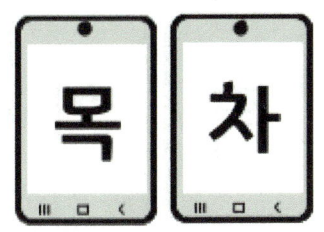

5 카카오톡 제대로 활용하기 139P

    1. 사진 영상 보내기 설정
    2. 위치정보 보내기
    3. 연락처 보내기
    4. 유용한 기능(채팅방 공지, 책갈피, 조용한 채팅방)
    5. 카카오 Pay 가입하기
    6., 카카오 페이 계좌 연결하기
    7. 카카오 빠른 송금하기
    8. 마케팅 수신 동의 해제하기
    9. 광고성 정보 수신 동의 해제하기
    10. 광고전화 차단하기

6 똑똑한 스마트폰 AI 활용 185P

    1. '빅스비'에게 물어보기
    2. 사진 고품질로 리마스터 하기
    3. AI 지우개
    4. AI 그림 그리기
    5. AI에게 물어봐

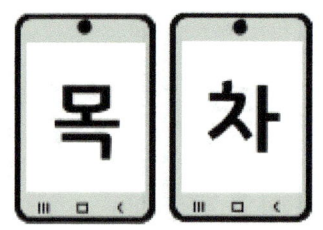

7 보이스피싱, 스미싱, 피싱 예방 221P

1. 피싱이란?
2. 피싱의 종류
3. 보이스피싱 종류와 사례
4. 문자 스미싱 앱 차단하는 방법
5. 스미싱 사례와 대응 방법
6. 보이스피싱 피해 시 대처 방법
7. 피싱 피해 주요 연락처
8. 보이스피싱 피해 예방 십계명

8 다양한 종류의 키오스크 사용 방법 241P

1. 카페 커피숍에서 음료 디저트 주문하기
2. 무인민원발급기를 통해 주민등록등본 발급 받기
3. 고속버스 승차권 예매하기
4. 푸트코트에서 음식 주문하기
5. 영화관 티켓 구매하기
6. 무인판매점, 셀프계산하기
7. 병원진료발급기를 통해 입퇴원확인서 발급 받기
8. 공항에서 셀프 체크인하기

스마트폰 기본 알아두기(삼성 갤럭시 기준)

스마트폰 명칭과 기능(삼성 스마트폰 기준)

1. 갤럭시 스마트폰 명칭과 버튼
2. 소프트웨어 버튼 사용하기
3. 앱 실행 끄기
4. 전원 끄기
5. 휴대폰 최적화
6. 스마트폰 설정하기
7. 와이파이 연결하기

스마트폰 각부의 명칭과 기능(S22 울트라)

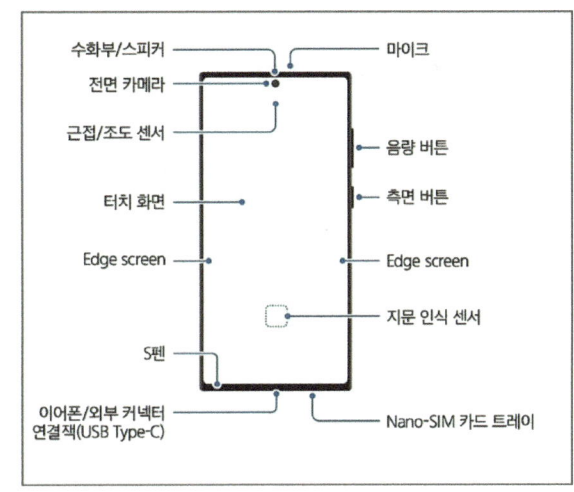

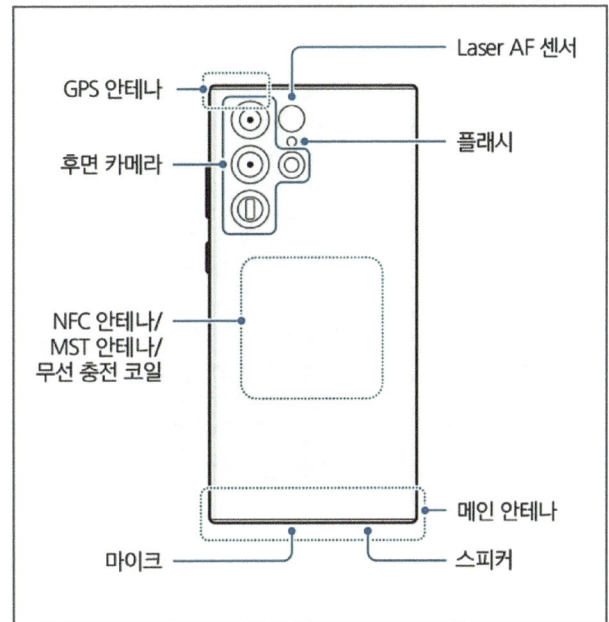

본 휴대폰 이미지는 삼성 갤럭시 S22 모델입니다. 일반 성인과 어르신들을 대상으로 하는 스마트폰 교육에서 대상자의 95%가 삼성 폰을 사용하고 계셨습니다.

최신형 휴대폰을 가지고 소지하고 계신 분도 계시겠지만 이 정도의 기종이면 어느 정도 같은 상황일 수 있습니다.

스마트폰 각부의 명칭과 기능(S22, S22+)

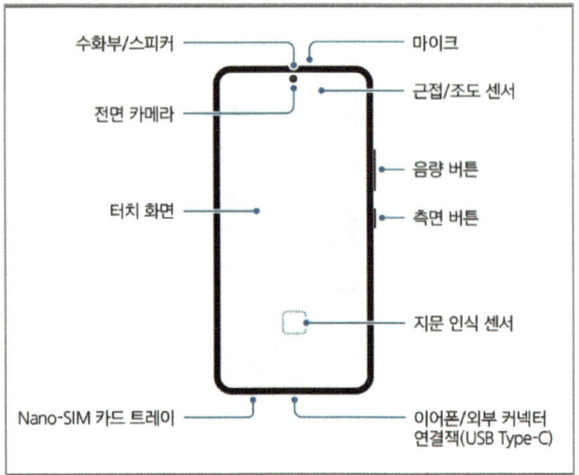

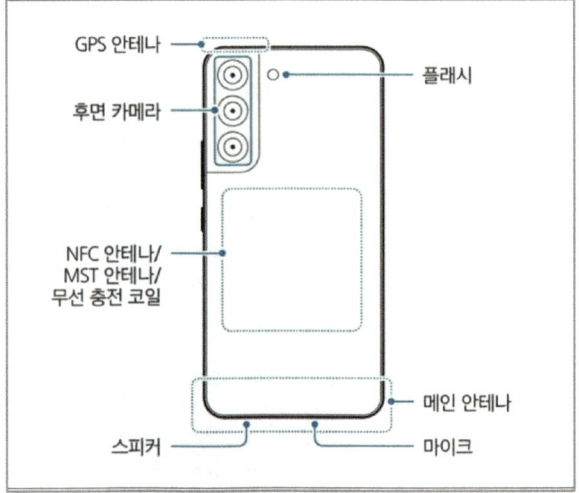

삼성 갤럭시 스마트폰 명칭과 기능 버튼 위치를 알아두면 사용하기 편리합니다.

소프트웨어 버튼

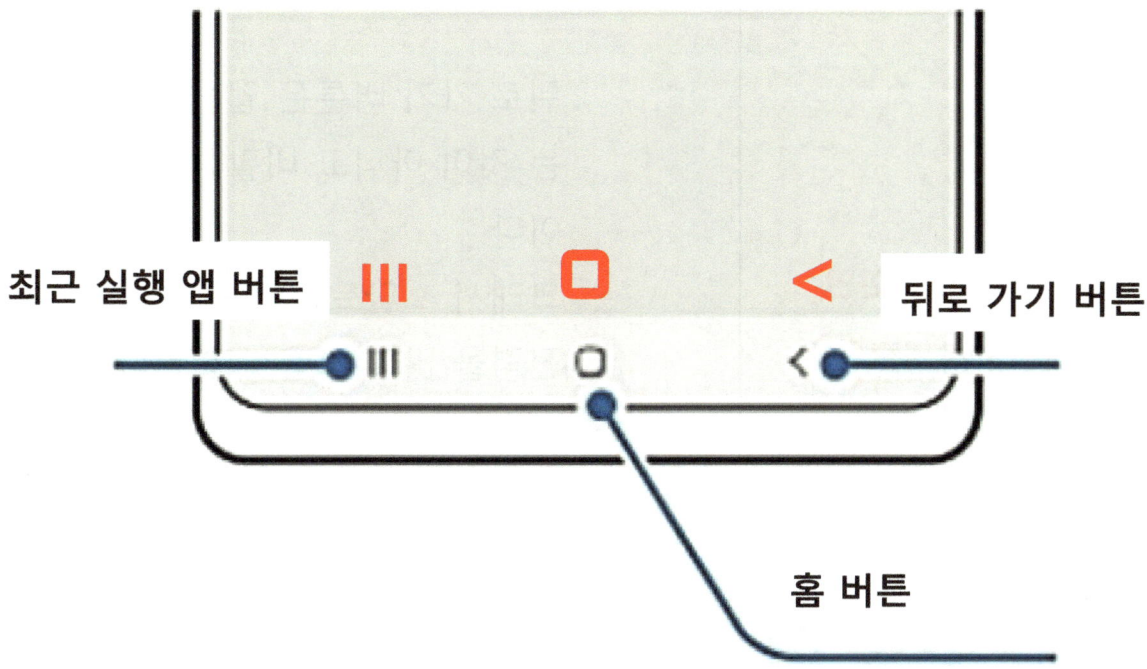

< 뒤로 가기 버튼: 방금 이전에 사용한 화면으로 갈 때 사용

◻ 홈 버튼: 이 버튼만 누르면 홈화면으로 돌아 감. 새로운 창을 불러올 때 사용

▥ 최근 실행 앱 버튼 : 최근에 사용한 앱을 차례대로 볼 수 있음

모두 닫기 : 작업 대기줄과 알림 창에 있는 앱을 깨끗하게 비우고, 앱 동작을 끄는 버튼. 스마트폰 최적화 기능

갤럭시 스마트폰 소프트웨어 버튼은 모델과 관계없이 공통 적용

앱 실행 화면 모두 닫기

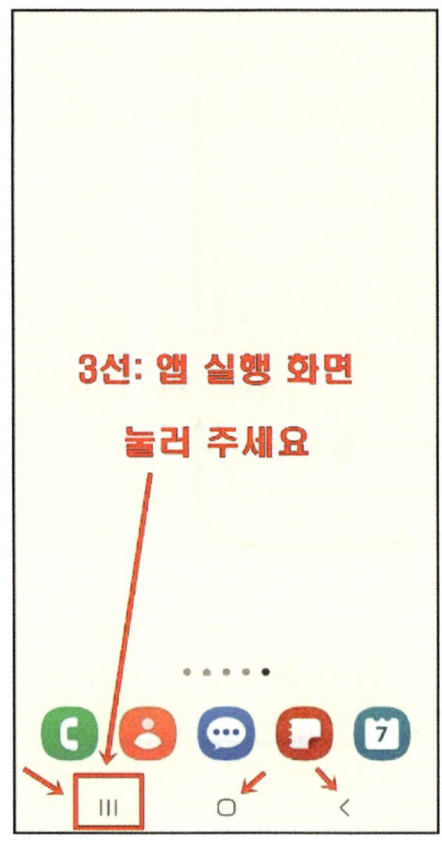

뒤로 가기 버튼은 앱을 완전히 끄는 것이 아니고 비활성화 하는 것이다.
그래서 스마트폰의 저장 공간과 전력을 많이 사용하게 된다.

[모두 닫기]는 앱 동작은 완전히 끄는 것이다.

1. 3선 터치

2. 모두 닫기

[모두 닫기]를 통해 실행하는 앱을 닫아주게 되면 배터리 사용 뿐만 아니라, 앱 충돌과 속도 느려지는 것을 방지할 수 있다.

전원 끄기(최적화2)

1. 상단 화면 끌어 내리기
(한번, 두번)

2. 고리모양 처럼 생긴 버튼 터치

3. 전원 끄기

휴대폰 사용 시 갑자기 느려지거나, 전화 끊김 현상, 앱이 움직이지 않을 때 한번씩 최적화를 시켜준다.

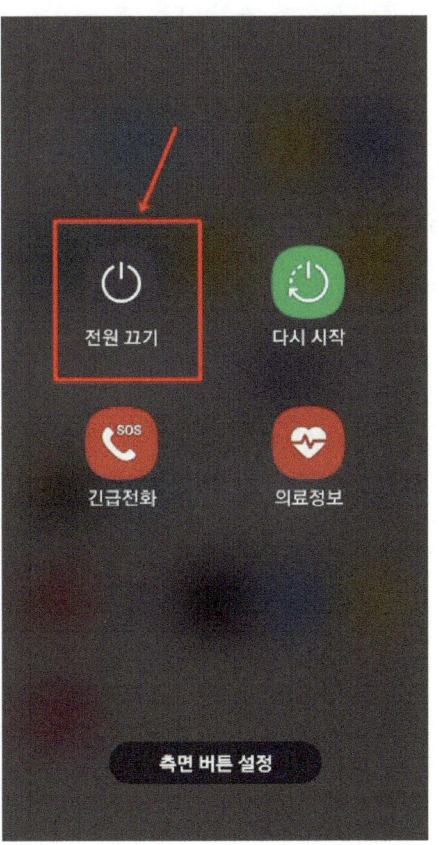

1장 스마트폰 기본 알아두기

전원 끄기(최적화2)

휴대폰 전원을 껐다가 다시 켜서 하드 리셋을 시킴으로 [휴대폰 최적화]를 시킨다.

스마트폰이 느려지는 이유는 오래 사용하거나 앱 동작이 많아지면 서로 충돌할 수 있다.

사람이 잠을 자듯이 기계도 정리하고 휴식이 필요합니다.

전원을 끄는 것만으로도 스마트폰의 피로를 풀고 휴식을 주는 것이다.

음량 버튼

측면 버튼

1주일, 또는 1개월에 한번씩 최적화 시켜주는 것이 좋다.

다시 켤 때는 우측에 있는 [측면 버튼]을 약 5초간 눌러주면 켜진다.

자동 최적화 전원 끄기(최적화3)

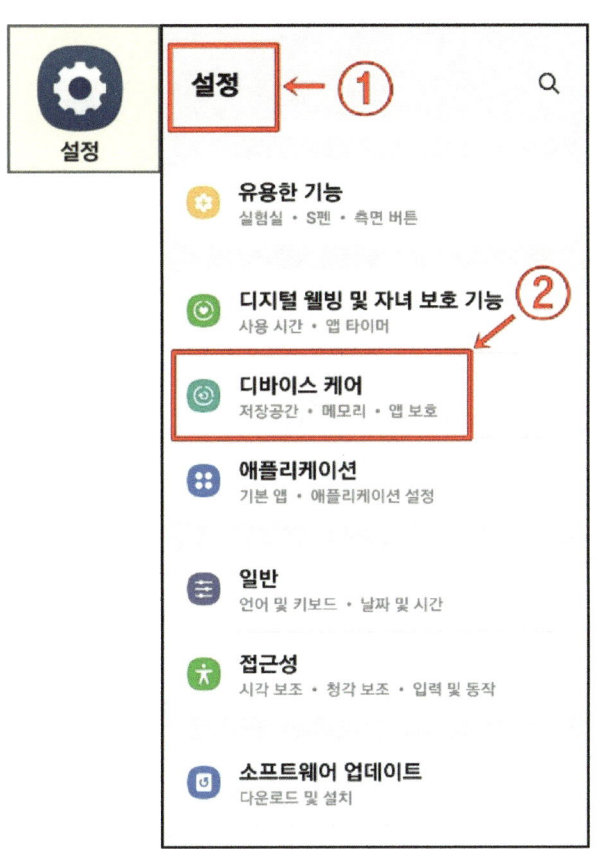

1. [설정]으로 들어가기

2. [디바이스 케어]

1. '좋아요'가 아니라면 [지금 최적화] 터치해서 최적화 시켜 주기

2. 위로 스와이프 하기하기 하단 내용 보기위해 화면을 올려 줌

자동 전원 끄기 - 자동 최적화

1. [자동 최적화]

1. [자동으로 다시 시작]

자동 전원 끄기 – 자동 최적화

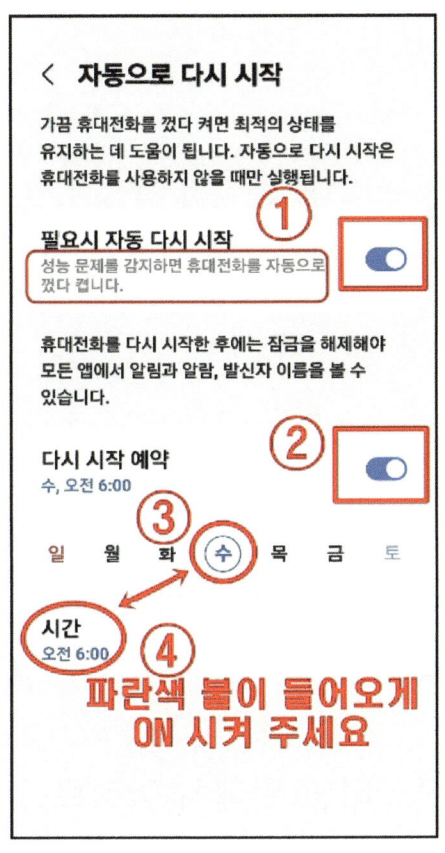

① [필요시 자동으로 다시 시작] ON
(누르면 파란색 불이 들어옴)

② [다시 시작 예약] ON

③ 요일 선택(주 1회 설정 또는 2회도 가능)

④ 시간 선택(아침에 일어나기 전 새벽 시간으로 하면 좋음)

자동으로 주1회 지정한 시간에 자동으로 전원을 끄고 켜준다.

구모델 휴대폰은 기능이 없으니 수동으로 끄고 켜야 됨

스마트폰 사용법 & 설정

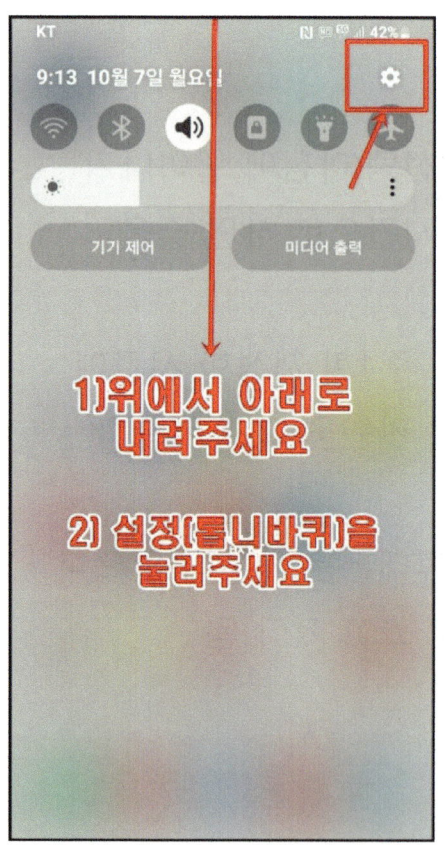

설정 찾는 방법: 톱니바퀴 모양을 찾으면 된다.

빠르게 찾으려면 위에서 아래로 스와이프(내리기) 하면 우측에 톱니바퀴 모양이 나타난다.

앱 화면에서 검색해서 찾는 방법도 있다.

화면 자동 꺼짐 시간 설정

① 설정
② 디스플레이

설정에서 화면을 위로 스와이프 해서 아래로 내려가면 [디스플레이]가 보인다.

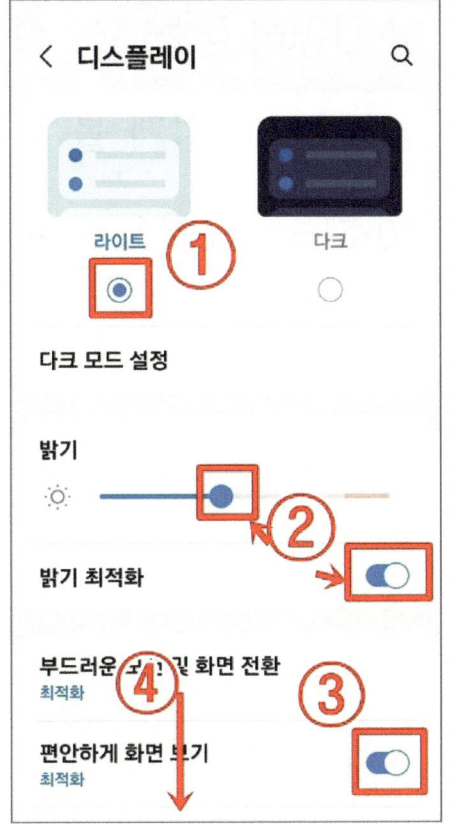

① 라이트 모드
밝게 보는 것을 권장하기 때문에 [라이트] 모드에 ON

② 밝기 및 밝기 최적화 ON
밝기를 조정할 수 있으며, 밝기 최적화를 켜 놓으면 자동으로 최적의 상태로 유지 한다.

③ 화면 보기 최적화

④ 아래보기(위로 스크롤)

1장 스마트폰 기본 알아두기

화면 자동 꺼짐 시간 설정

① [화면 자동 꺼짐 시간] 터치

화면이 자꾸만 꺼져서 불편할 때 화면 자동 꺼짐 시간 확인

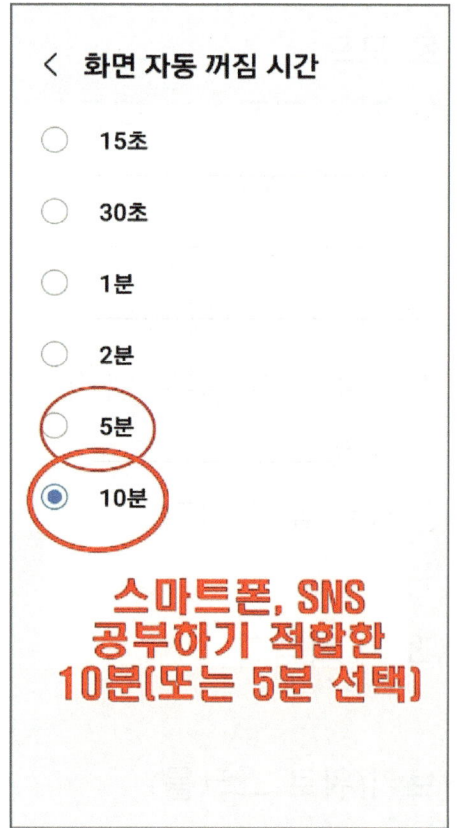

① [10분] 또는 5분 선택

공부할 때, 길게 볼 때

10초 => 10분으로 변경

와이파이 설정하기

① 화면 끌어 내리기

② Wi-Fi 버튼 길게 누르기

살짝 누르면 켜고 꺼지게 되므로

꾹 눌러 준다.

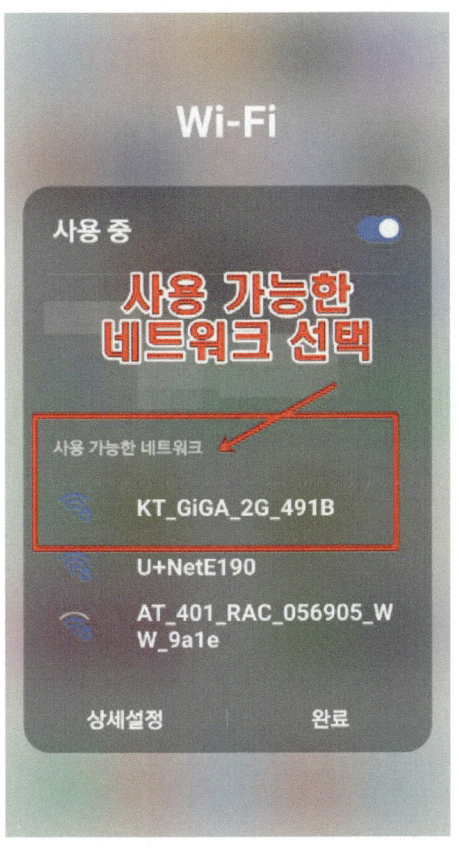

① 자동으로 네트워크 찾음

② 네트워크 선택하기

와이파이 설정하기

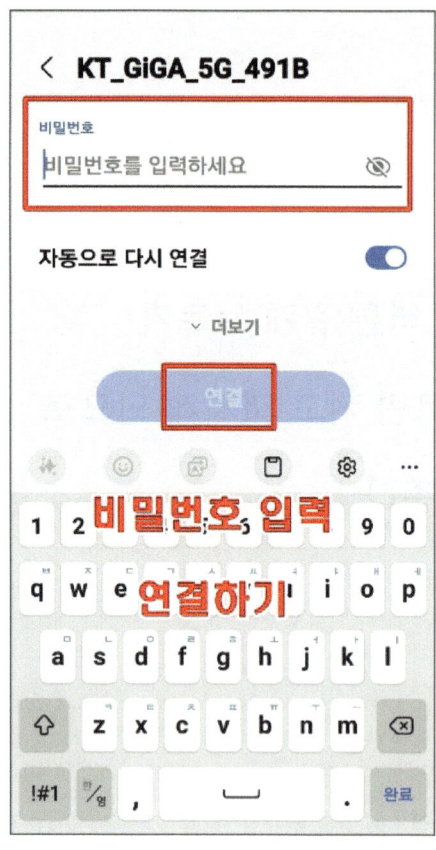

① 선택한 와이파이 [비밀번호] 입력

② [연결]

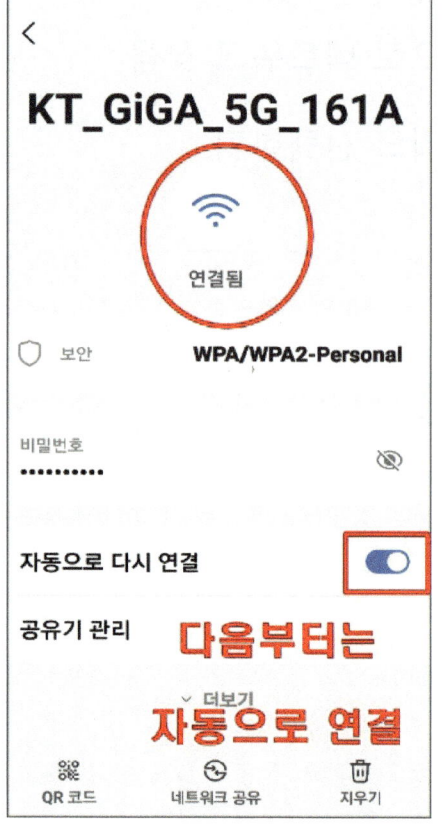

① [연결됨]

② [자동으로 다시 연결 ON]

자동으로 다시 연결을 켜 놓으면 다음부터 이 장소에 오면 [비밀번호] 없이 자동으로 연결 됨

하지만 다른 장소에 가면 연결 안 되어 다시 연결해야 됨

와이파이가 안 될 때(초기화)

① [설정] 톱니바퀴 모양의 설정 찾기

② [일반]

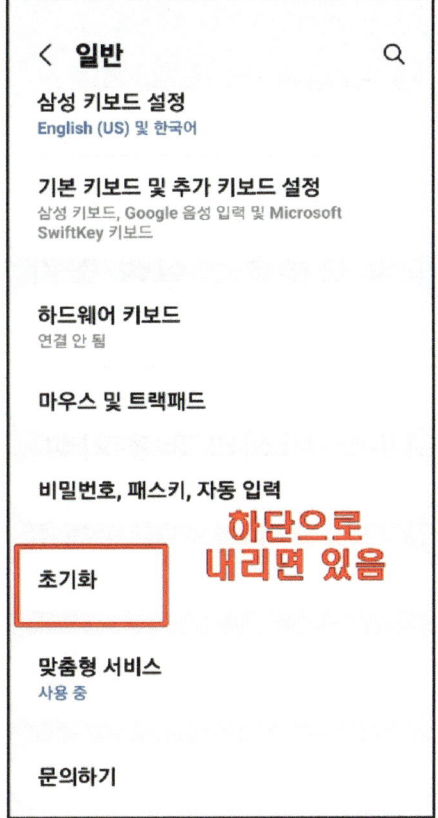

① [초기화]

아래로 내리면 있음

와이파이가 안 될 때(초기화)

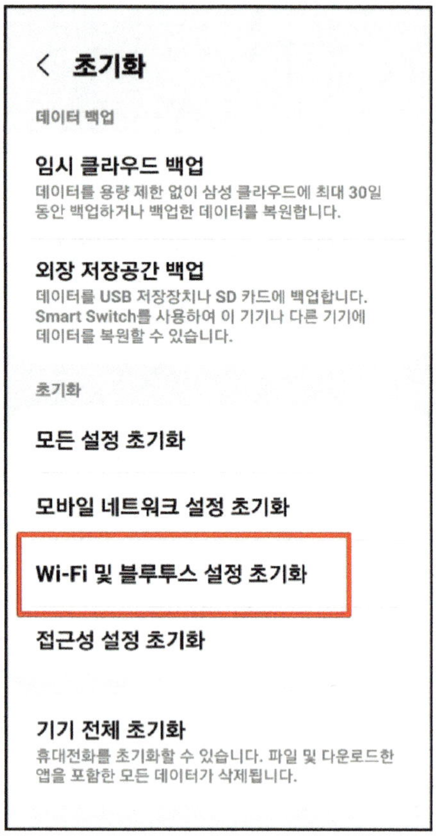

① [Wi-Fi 및 블루투스 설정 초기화]

① [설정 초기화]

와이파이 및 블루투스 설정 초기화는 휴대폰 전체를 초기화하는 것이 아니므로 안심하고 초기화해도 된다.

폴더폰, 효도폰, 2G폰 사용법(부록)

폴더폰, 효도폰, 2G폰 사용법- 부록

아직 스마트폰을 사용하고 있지 않은 어르신들을 위한 휴대폰 종류별로 기초 사용법을 담았습니다.

80세 이상 어르신들이 사용하고 있는 휴대폰은 전화를 받는 용도로만 사용하고 있어서 답답함을 가지고 계십니다. 아직 키패드를 이용해 문자를 입력하는 방법도 모르는 분도 계셨고, 방향 움직이는 버튼 사용법과 기초부터 알려 주시는 걸 원하셔서 부록으로 담았습니다.

질문 해주시고, 관심 있어 하는 항목만을 골라 담은 왕왕 초보 어르신들을 위한 효도폰, 폴더폰 2G폰 사용 방법입니다.

부록이지만 어르신들에게는 어려운 디지털 기기이기 때문에 앞에 배치했습니다.

부록 – 폴더폰, 효도폰, 2G폰 사용법

1. 효도폰, 폴더폰 종류와 기능
2. 전화번호 저장하기 및 삭제
3. 단축번호 설정 및 사용방법
4. 문자 메시지 보내기 및 삭제
5. 사진 동영상 촬영
6. 사진 보기 및 보내기
7. 와이파이 설정
8. 터치 가능한 폴더폰

폴더폰의 종류

효도폰(폴더폰)도 기능에서 차이가 많이 남

① 폴더 폰이지만 안드로이드 모니터 터치가 가능하고 거의 모든 앱 설치가 다 되는 불편함이 거의 없는 LTE 폰

② 터치도 가능하고 일부 앱 설치가 가능한 폴더 폰

③ 터치 기능 안 되고 스마트폰 기능이 안 되는 2G폰으로 연세 드신 어르신들이 사용하고 계시는 효도폰 임 => 이 모델로 계속 다룰 예정

각부의 명칭과 기능

* 꼭 알아두기

① 전원 버튼: 전원을 켜고 끌 때 사용

② 지움/취소: 글씨 지울 때 또는 사용하는 기능 취소하기

③ 통화 버튼: 전화 받을 때 통화 가능

④ 방향버튼: ▲ 위측 방향 ▼아래 ▶ 우측 ◀좌측

🔴 동그라미 부분을 누르면 선택할 항목(커서)이 있는 방향으로 움직임

⑤ 주소록: 상단에 있는 글씨(주소록)를 실행할 때 하단 버튼을 누름

⑥ 메뉴: [메뉴]를 실행할 때 가운데 [확인] 버튼을 누름

⑦ 메시지: 상단에 있는 [메시지]를 실행할 때 하단 버튼을 누름

전화번호 저장 방법

① [전화번호] 입력

② [옵션] 선택

① [주소록에 추가]

② [확인] 선택

전화번호 저장 방법

① [새 연락처 추가]

② [확인] 선택

① [이름] 입력

② 저장 하기 [확인] 선택

전화번호 저장

① [저장되었습니다]

같은 방법으로 전화 번호 저장 하기

연락처 삭제

① [주소록]

② 하단 왼쪽 [—] 버튼 누르기

① [대상 선택]검색 또는 이동 버튼으로 이름 선택

② [옵션] 선택

연락처 삭제

① [삭제]로 이동

② [선택] 확인 버튼 누르기

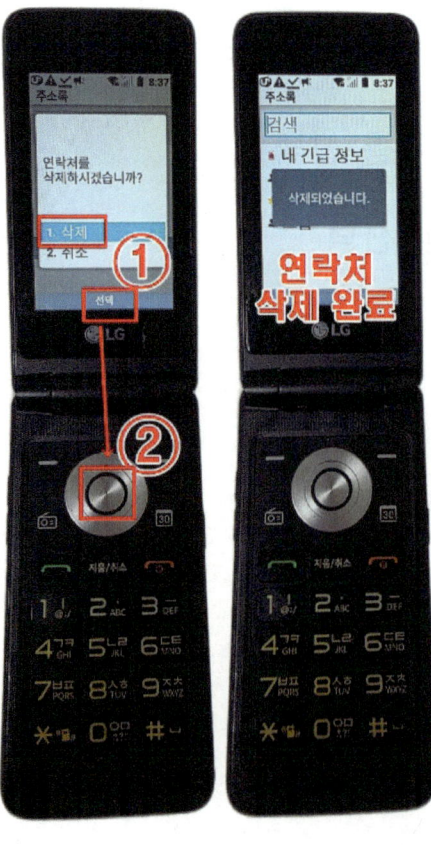

① [삭제]

② [선택] 확인버튼 누르기

연락처 삭제 완료

글자 지우는 방법

자음이나 모음의 글자를 틀리게 입력했을 때 [지움/취소] 버튼을 누르면 한 획씩 지워 짐

[지움/취소] 버튼은 화면에 나타나 있는 메뉴를 취소하여 [뒤로 가기] [취소하기] 할 때도 사용 됨

단축 번호 지정 하기

단축번호를 설정해 놓으면 편리하게 전화를 걸 수 있다.

① [주소록]
하단 왼쪽 [―] 버튼 누르기

① 방향키 아래쪽을 눌러
[단축번호]로 이동

② [선택] 확인 버튼 누르기

단축 번호 지정

① [연락처 추가] 선택

② [확인] 버튼 누르기

쉽게 기억할 수 있는 연관된 숫자를 선택하면 좋다.
예를 들어 첫째 아들은 [1번], 둘째 딸은 [2번] 순으로 단축번호 확인 후 선택

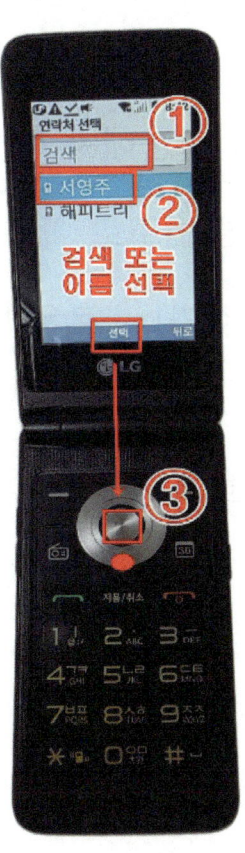

① [검색]창에 [이름] 입력

② [이름 선택] 또는 방향키로 이동해서 선택하기

③ [선택] 확인버튼 누르기

단축 번호 저장

① 단축번호 1번에 저장되었음

추가 등록

① 방향키를 이용해서 선택된 번호 외 다른 번호로 이동하기

② [연락처 추가] 새로운 번호 선택

[확인]버튼 누르기

단축 번호 저장

[2번]에 새로운 번호 저장 완료

1. 같은 방법으로 [단축번호] 저장하기

2. 자녀분들의 서열 순으로 지정하면 외우기 쉽다

단축번호로 전화 걸기

단축번호 1번으로 전화를 걸 때는 숫자 [1]을 길게 누른다.

※ **단축번호가 2자리 숫자일 때** 앞자리 숫자는 **짧게** 누르고 뒷자리 숫자는 **길게** 누른다.

전화번호를 모두 외우지 않고 검색하지 않고 단축번호만 기억하고 있으면 된다.

문자 메시지 보내기(확인하기)

① [메시지] 선택

하단 우측에 있는 [—] 버튼 누르기

참고 – 메시지 확인하기

① [메시지] 선택

확인 하고자 하는 메시지로 이동

② [보기] 선택

메시지 확인

문자 메시지 보내기

① [새메시지] 선택

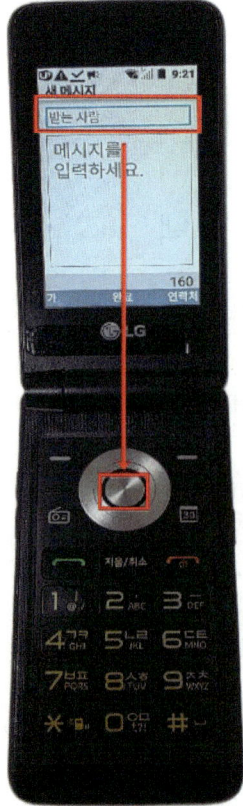

① [받는 사람] 확인버튼 누르기

문자 메시지 보내기

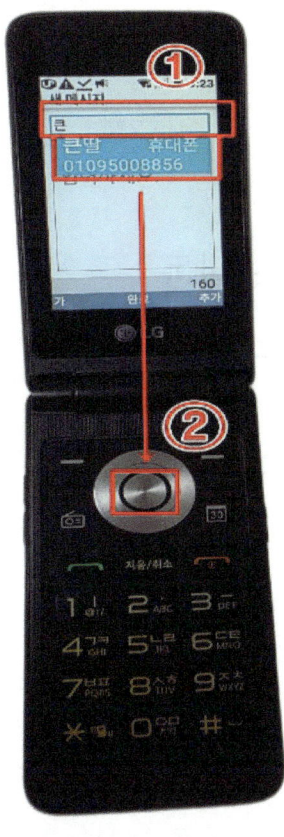

① [이름] 입력

저장된 번호의 이름을 쓴다.

앞 글자만 입력하면 저장된 이름이

나타나니까 바로 선택을 하면 된다.

② [선택] 확인 버튼 누르기

① [문자 입력] 보낼 메시지 쓰기

② [문자 변경]

[?] 물음표 기호를 넣고 싶을때

하단 좌측 [─] 버튼을 누르기

문자 메시지 보내기

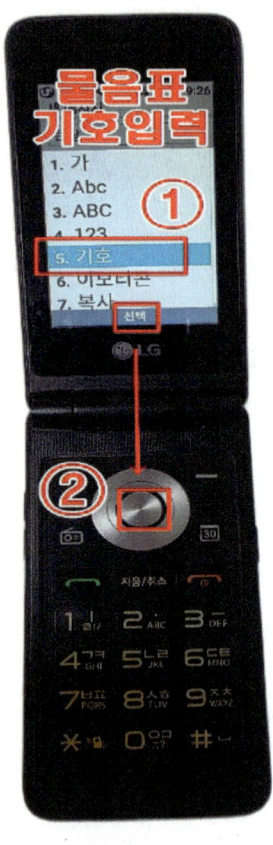

① [기호]로 이동

② [확인] 버튼 누르기

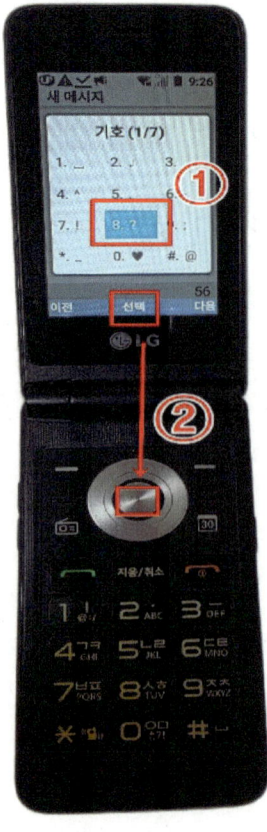

① [물음표]로 이동

② [선택] 확인 버튼 누르기

문자 메시지 보내기

하트를 넣고 싶을 때

① [하트] 선택

다른 특수기호도 같은 방법의 입력 가능

② [선택] 확인 버튼 누르기

① 받을 사람 선택, 문자입력 및 특수 기호 입력 확인

② [전송] 확인 버튼 누르기

문자 메시지 보내기

문자 메시지 보내기 완료

문자 메시지 삭제하기

① [메시지] 선택

하단 오른쪽 [—] 버튼 누르기

① [메시지 선택] 하단 방향키를 이용해 아래 위로 이동하기

② [보기] 선택 확인하기

(메시지 확인하는 방법)

문자 메시지 삭제하기

① [옵션] 선택

확인 버튼 누르기

① [삭제] 이동 하거나

숫자[1]을 누름

② [선택] 확인 버튼 누르기

버튼을 이용해 이동하는 것과 번호가 쓰여 있는 숫자를 눌러도 됨

문자 메시지 삭제하기

① [삭제]를 선택하고

하단에 [선택] 확인버튼 누르거나

[1]번 숫자를 누르기

두가지 방법 모두 가능

메시지가 삭제된다.

이 경우, 여러 개의 메시지 중

1개의 메시지가 삭제 됨

문자 메시지 한번에 모두 삭제하기

① [문자] 선택 후

[옵션] 버튼 누르기

① [삭제]를 선택하고

확인버튼 누르거나

숫자 버튼 [2]번 누르기

두가지 방법 모두 가능

② [선택] 확인 누르면

메시지 40개가 모두 삭제 됨

2G폰 사진 촬영

2G폰도 사진 촬영 전송이 가능

뒷면에 카메라 렌즈가 장착되어 있음

생각했던 것보다 예쁜 사진 촬영이 가능함

멀리 있는 사물을 클로즈업(크게 확대)하기도

가능하다.

2G폰 사진 촬영

① [메뉴] 선택

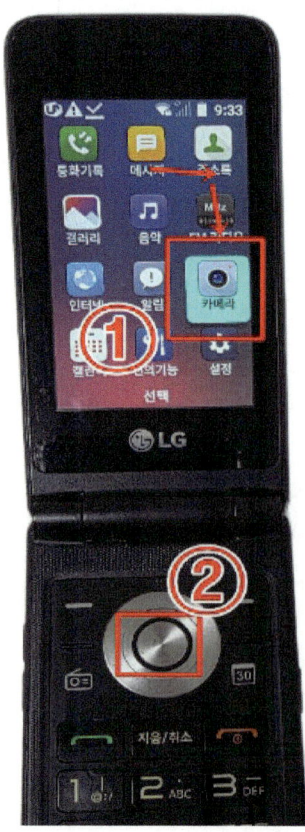

① [카메라] 선택

방향키를 이용하여 카메라 보양

이 있는 곳으로 이동하기

② [확인] 버튼 누르기

2G폰 사진 촬영

촬영하기 전 수칙

1. 카메라 렌즈를 잘 닦는다.
2. 손가락으로 렌즈를 가리지 않는다.

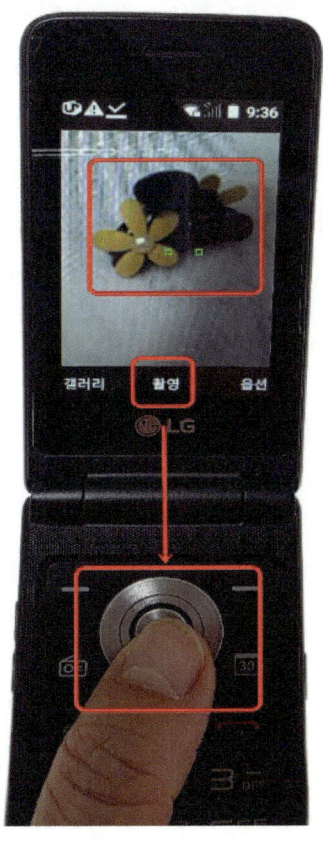

① 휴대폰을 움직여 촬영 대상을 [화면 중앙] 에 위치하도록 놓는다.

② [촬영]은 [확인] 버튼을 누르면 찰칵 소리와 함께 사진이 찍힌다.

2G폰 사진 촬영

① [갤러리] 선택

하단 [—] 버튼 누르기

① 보고싶은 [사진]으로 이동

② [보기] 확인버튼 누르기

2G폰 사진 삭제하기

확대되어 크게 보여 짐

① [옵션] 하단 [—] 버튼 누르기

① [삭제]로 이동하거나,

숫자 [2] 누르기

② [선택] 확인버튼 누르기

촬영 중 사진 바로 보기

촬영 도중 찍은 사진을 바로 보고싶을 때

① [갤러리] 선택

하단 [―] 버튼 누르기

① [사진] 선택

② [보기] 확인버튼 누르기

클로즈업 촬영

① [볼륨 키] 위로 올리면 사물이 크게 보임(당김)

아래로 내리면 다시 작아 짐

멀리 있어 작게 보이는 사물도 크게 촬영 가능

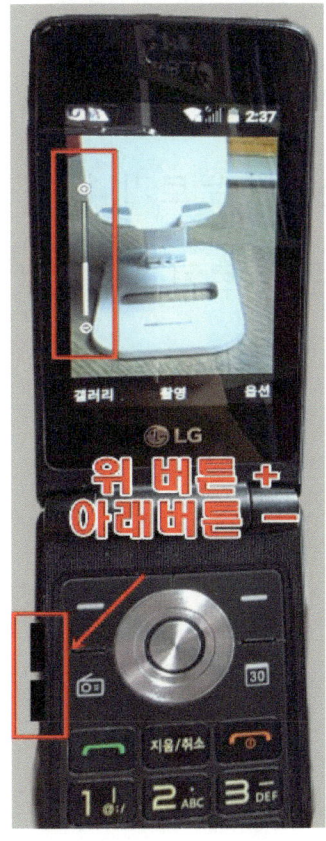

위 아래 버튼을 누르면

화면에 확대 배율이

[+] [—]로 나타남

동영상 촬영

① 동영상 촬영을 원하면

[옵션] 선택

우측 [─] 버튼 누르기

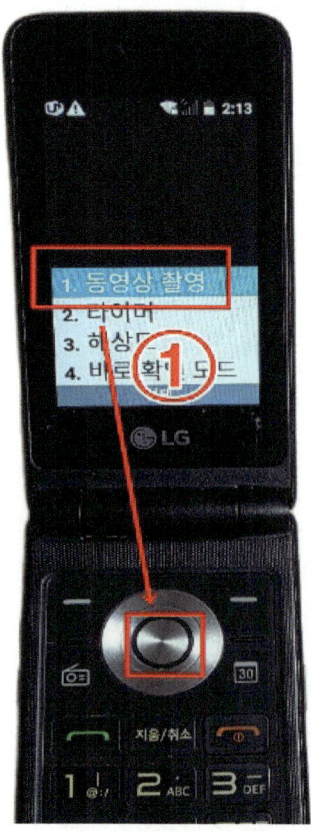

① [동영상 촬영]

숫자 버튼 1번 누르거나

[확인] 버튼 누르기

동영상 촬영

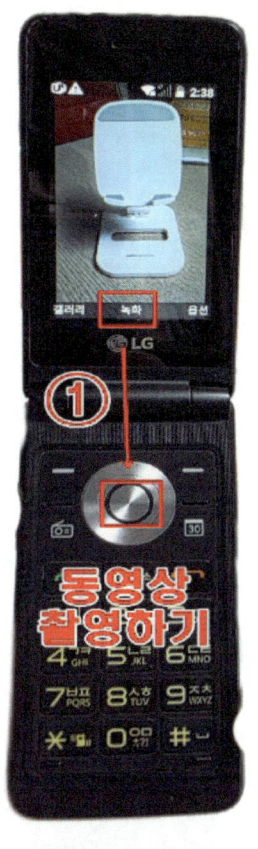

① [녹화] 하려면

[확인] 버튼을 누르면 촬영 시작 됨

① 촬영 정지 하려면

[정지] 확인 버튼 누르기

갤러리 사진 보기

① [메뉴] 선택

[확인] 버튼 누르기

① 방향키로 이동해서

[갤러리] 선택

② [확인] 버튼 누르기

갤러리 사진 보내기(전송 방법)

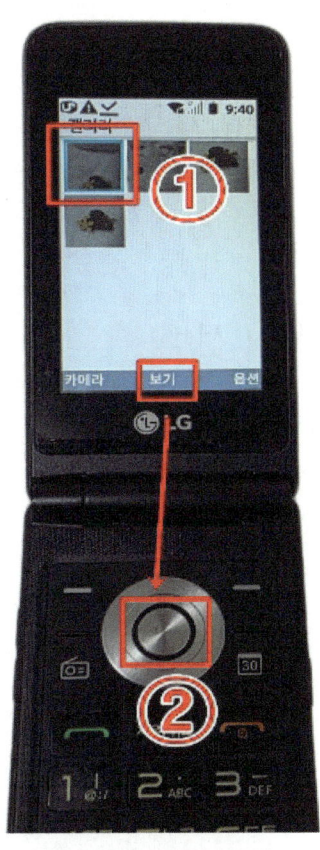

① [사진] 선택

방향키로 이동해서 보고싶은 사진 선택

② [보기] 선택

확인 버튼 누르기

① 다른 사진을 보고 싶으면

방향키 우측을 누르면

우측으로 이동

갤러리 사진 보내기(전송 방법)

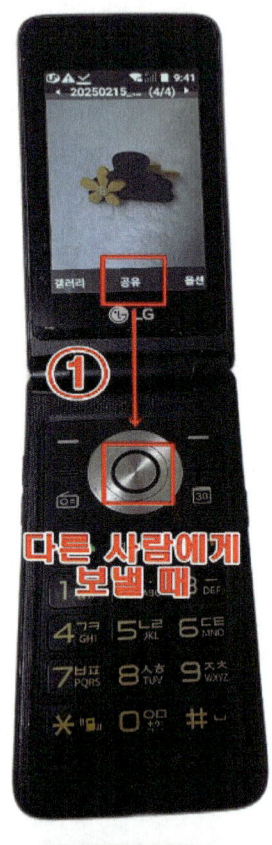

① [공유] 선택

[확인] 버튼 누르기

① [메시지] 선택

숫자 [1]을 누르거나

[확인] 버튼 누리기

갤러리 사진 보내기(전송 방법)

① [받는 사람] 선택

[확인] 버튼 누르기

① [검색]창에 [이름] 입력

② [이름 선택] 또는 방향키로

이동해서 [확인버튼] 누르기

갤러리 사진 보내기(전송 방법)

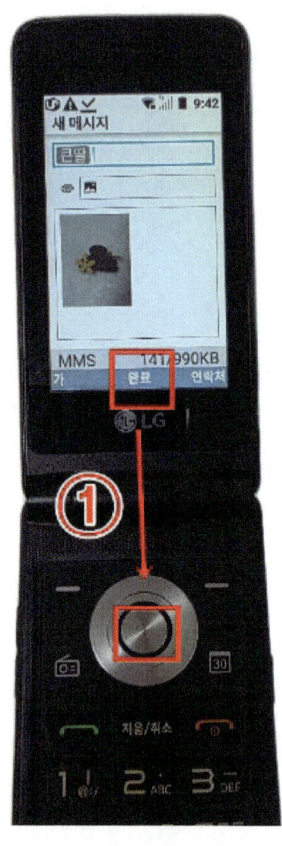

① [완료]

확인 버튼 누르기

① [전송] 확인버튼 누르면

전송 완료

와이파이 설정 방법

2G폰도 인터넷 검색은 가능한 폰으로 인터넷 사용 시 와이파이가 필요하다

① [메뉴]

① 방향키를 이용해서 현 위치에 있는 커서를 [설정으로 이동]

와이파이 설정 방법

① [설정] 이동

② [확인] 버튼 누르기

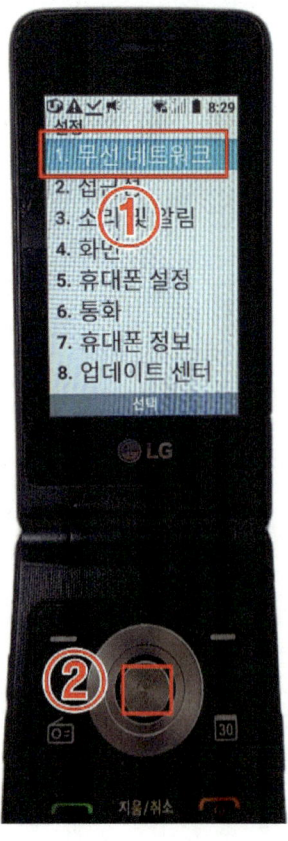

① [무선 네트워크]

② [확인]

와이파이 설정 방법

① [와이파이] 선택

방향키를 이동하거나 숫자 [2]를 누름

② [확인]

① [비밀번호] 입력

위치의 와이파이 비밀번호를 알아야 입력 가능

② [확인] 버튼 누르면 와이파이 사용 가능

터치가 되는 효도폰(폴더폰)

이 폰은 터치가 되는 폴더폰으로 모든 사용 앱을 손가락으로 터치하여 이용할 수 있는 폰이다.

이 폰은 거의 대부분의 앱 설치가 가능하고 터치가 가능한 LTE 폰이다.

터치가 되는 효도폰(폴더폰)

이 폰의 경우, 우리가 대부분 사용하는 필수 앱은 설치가 가능하고 스마트폰과 거의 동일하게 이용할 수 있다.

좌우 상하로 스와이프 [밀어 올리기] 하면 앱을 볼 수 있고 실행할 수 있다.

단축번호(단축 다이얼) 설정

주소록에서 단축번호 설정하는 방법

① [더보기] 3선 터치

① [단축다이얼] 선택

단축번호(단축 다이얼) 설정

① 선택하고 싶은 [단축번호]를 선택

[연락처 추가] 터치

① [새 연락처 등록]

새 연락처를 등록하면서

바로 단축번호까지 등록 가능

기존 연락처에서 불러와서

등록 가능

단축번호(단축 다이얼) 설정

① [단축번호 1번]에 저장할 [이름] 선택

[단축번호 1번]에 큰딸 단축번호 지정 완료

스마트폰 기본 활용하기

스마트폰 기본 활용하기

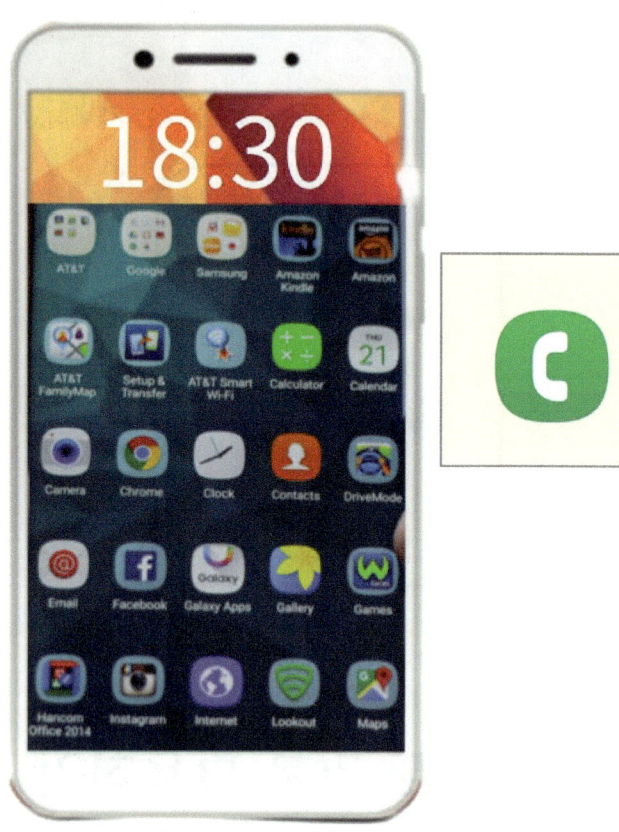

1. 편리하게 전화 통화
2. 연락처 저장
3. 앱 실행 끄기
4. 쉽게 보내는 문자 메시지, 말로하는 문자 메시지
5. 잠금화면 설정, 비상 연락처
6. 긴급 전화
7. 긴급 의료정보 설정
8. 보안 위험 차단

편리한 전화 통화

① 화면에서 [전화 아이콘] 누르기

② [키패드] 선택

화면 설명

① 전화 번호 누름

② 입력한 번호 지우기

③ 통화 연결

3장 스마트폰 기본 활용하기

편리한 전화 통화 중 기능

통화 중 화면 기능

① **더보기**: 통화대기, 연락처보기, 메시지 보내기 등 편리한 기능(점 3개=더보기)

② 녹음: 통화 중 대화 내용 녹음

③ [영상통화]로 전환하고 싶을 때 사용

④ 블루투스: 블루투스 스피커 연결, TV 모니터 및 차량으로 화면 및 소리 연결 가능

⑤ **스피커**: 통화중 스피커로 통화

⑥ **내소리 차단**: 내소리가 상대방에게 들리지 않게

⑦ **키패드**/ 숨기기: 통화 중 숫자를 입력해야 할 때 사용

⑧ 전화 모양 누르면 통화 종료

전화 받기와 거절하기

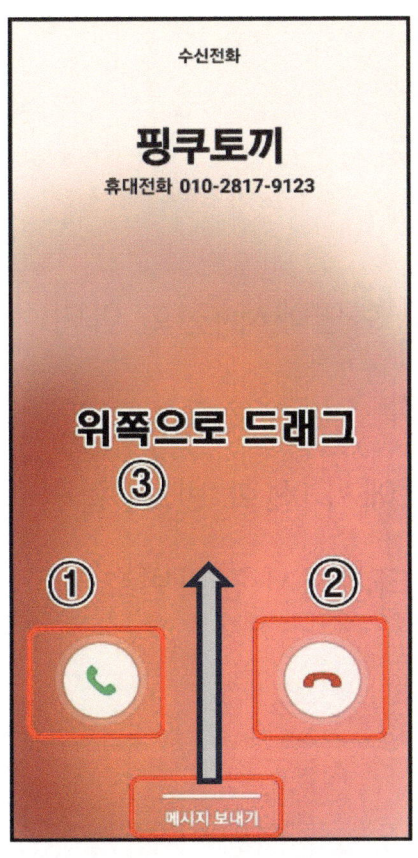

① 통화: 우측으로 밀어서 전화 받기 ⇨

② 거절: 좌측으로 밀어서 거절 ⇦

③ 메시지 보내기: 위쪽으로 밀어 올리기(스와이프) ⇧

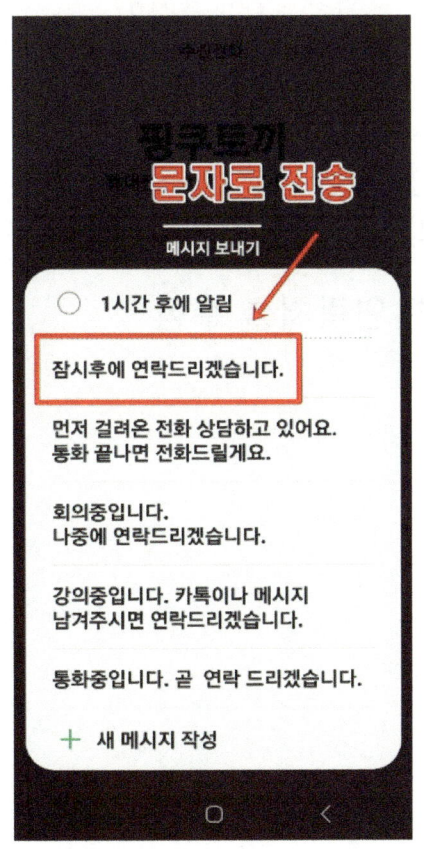

① 통화 중이거나, 전화를 받지 못하는 상황일 때 거절메시지 선택 전송

전화번호 저장

① 휴대폰 화면에서 [전화 아이콘] 누르기

② 키패드에서 [전화 번호] 입력

③ [+]를 터치해서 전화번호 저장

① [새 연락처 등록]

또는 기존 연락처를 수정

전화번호 저장

① 전화 종류 [휴대전화] 선택

② [이름] 입력

알기 쉽게 정보도 입력

③ 카메라 모양 터치

① 사진 또는 스티커 추가

사진이나 스티커 이모지를 입력해 놓으면 전화 왔을 때 상대방을 알아볼 수 있음

전화번호 인적사항 입력

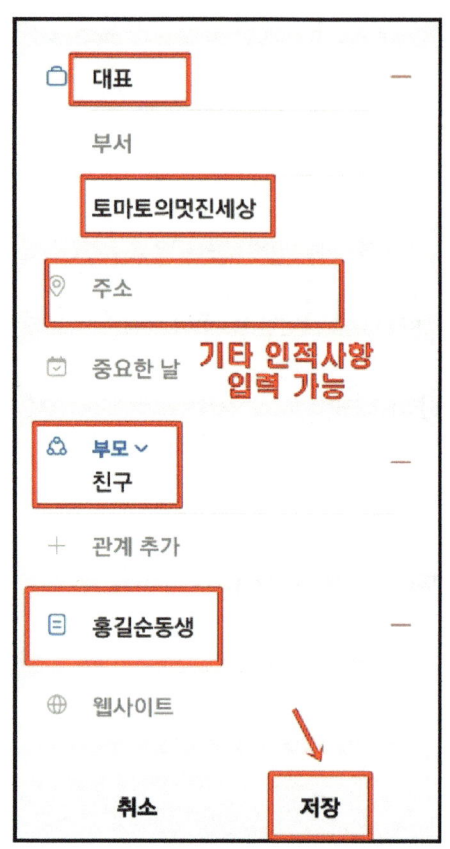

① 직책, 부서, 주소 입력

② 관계 선택 및 추가 입력

③ 저장

① 새 연락처 등록 완료

전화번호만 확인하면 사람의 얼굴, 인적사항, 주소까지 나와 편리하게 사용 가능

전화번호 저장 & 단축번호 설정

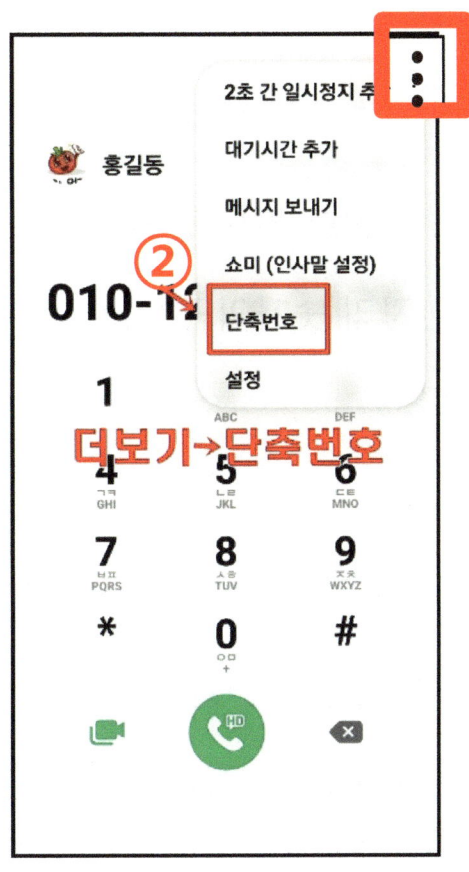

① 점 세개 [더보기] 터치

② [단축번호] 선택

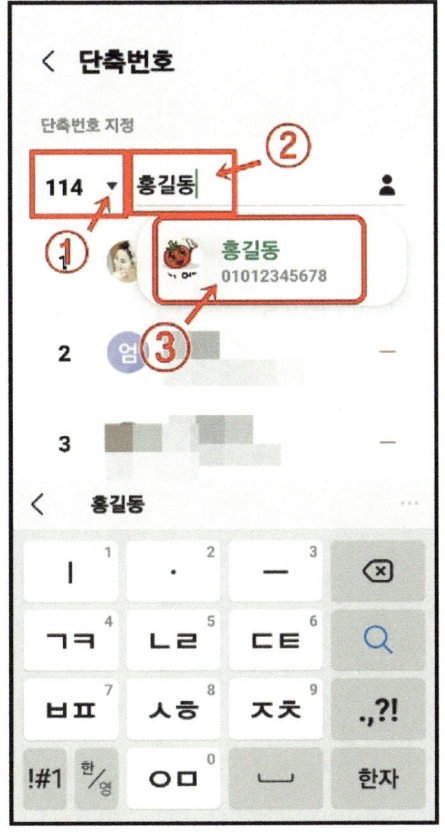

① [단축번호] 지정

② [이름] 검색

③ [지정할 사람] 선택

전화번호 저장 & 단축번호 설정

단축번호로 전화 거는 방법

번호가 한자리 숫자이면 [1]을 꾹 누른다.

번호가 [13]번 일 경우

첫번째 숫자 [1]은 살짝,

두번째 숫자 [3]은 길게

누른다.

단축번호를 누르면

자동으로 연결

문자 메시지 보내기(음성)

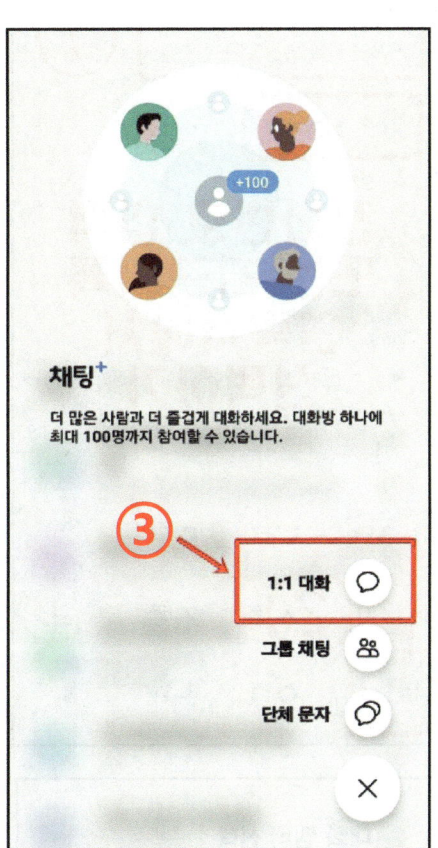

① [문자 아이콘]을 누르면 채팅창이 나오는데

기존의 멤버와 대화하려면 선택하고,

아니면 하단의 ② [말풍선] 터치,

③ [1:1 대화] 선택

문자 메시지 보내기(음성)

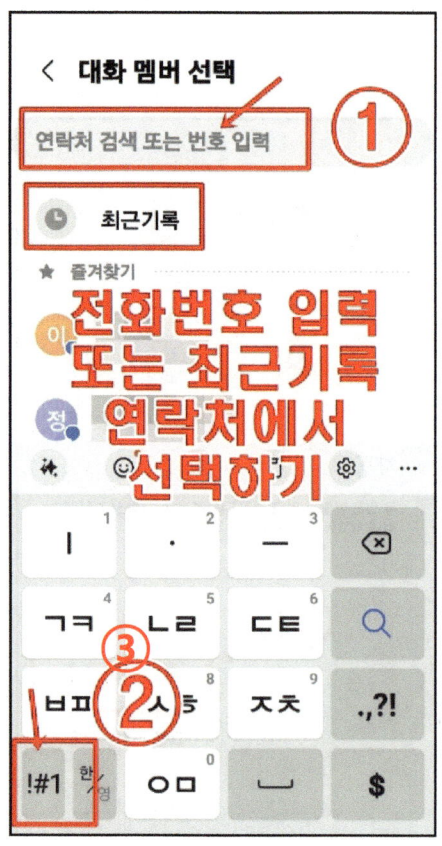

① [연락처 검색 또는 번호 입력] 이라고 쓰여 있는 곳을 **터치**해야 키패드가 올라온다.

② **숫자** 판 선택

③ 최근에 연락한 적이 있다면 [최근기록]에서 선택

① [전화번호] 입력

② [~님과의 대화]를 터치

문자 메시지 보내기(음성)

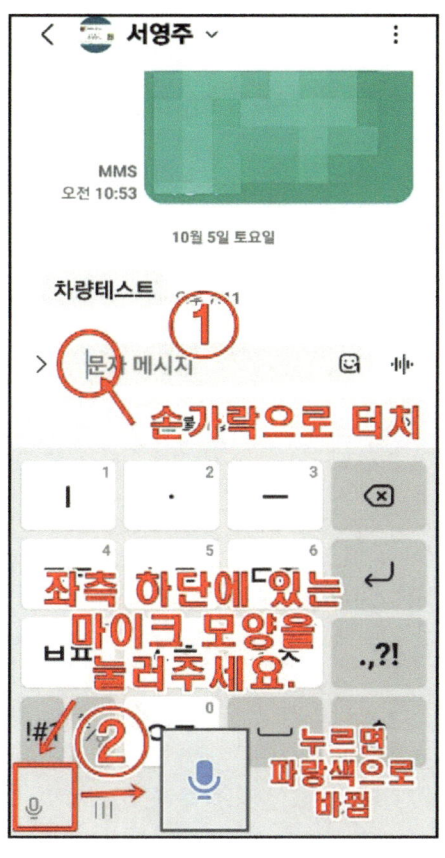

① [문자 메시지] 터치

이곳을 **터치**해야 키패드 올라옴

② 하단에 있는 [**마이크 모양**] 선택

누르면 파랑색으로 바뀜

① 문자로 보낼 메시지를 [말로 하기]

② [마이크 불 끄기]

③ 비행기 모양 터치 [보내기]

문자 메시지 보내기(음성)

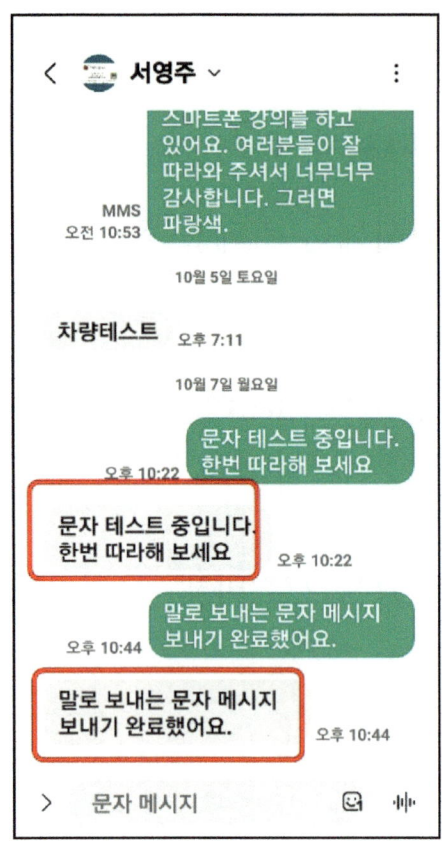

휴대폰에서 메시지를 입력하려고 해도 문자 입력이 어렵고, 글씨가 잘 안 보이는 어르신들에게 유용한 기능입니다.

또한 바쁜 현대인들에게도 일하면서 말로 의사 전달을 할 수 있는 필수 기능입니다.

단, 일부 구형 폴더폰은 마이크 기능이 없습니다.

* 순서: 문자 메시지란 터치하기 – 마이크 누르기 – 파란색불 켜고 말하기 – 마이크 끄기 – 보내기(비행기)

문자 메시지 보내기(검색해서 번호 찾기)

① [대화 멤버 선택] 터치

② 검색창에 [이름 입력]

검색 후 멤버 선택하기

① 문자로 보낼 메시지를 [말로 하기]

② 비행기 모양 터치 [보내기]

잠금 화면 설정하기 - 패턴

① [설정] 들어가기

② 하단에 [잠금화면 및 AOD]

[잠금화면]만 쓰여 있는 폰도

있음

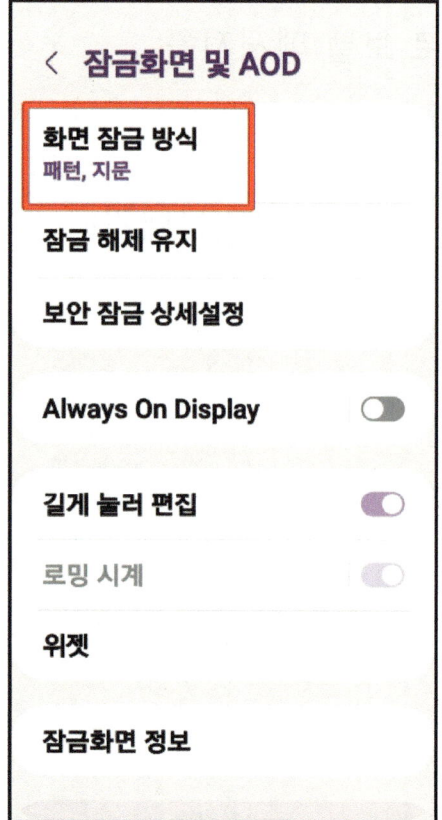

① [화면 잠금 방식] 터치

잠금 화면 설정하기 - 패턴

① [패턴] 터치

패턴은 보안 강도 중간

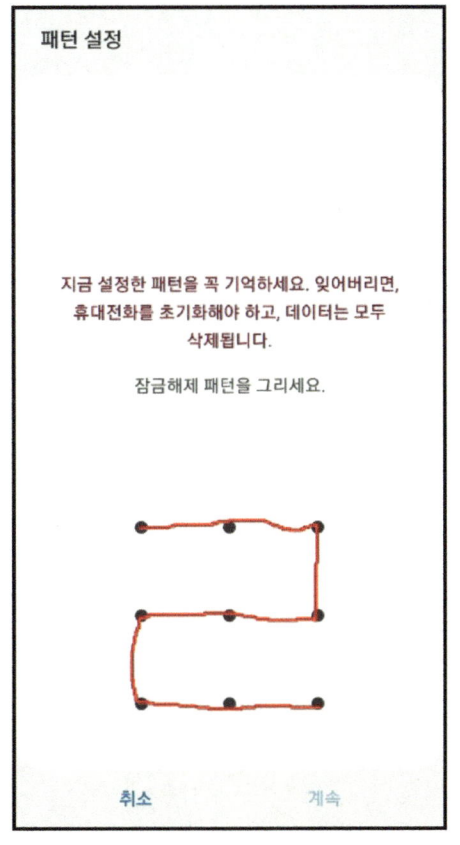

① [패턴 그리기]

쉽거나 어려운 패턴 선택

잠금 화면 설정하기 - 패턴

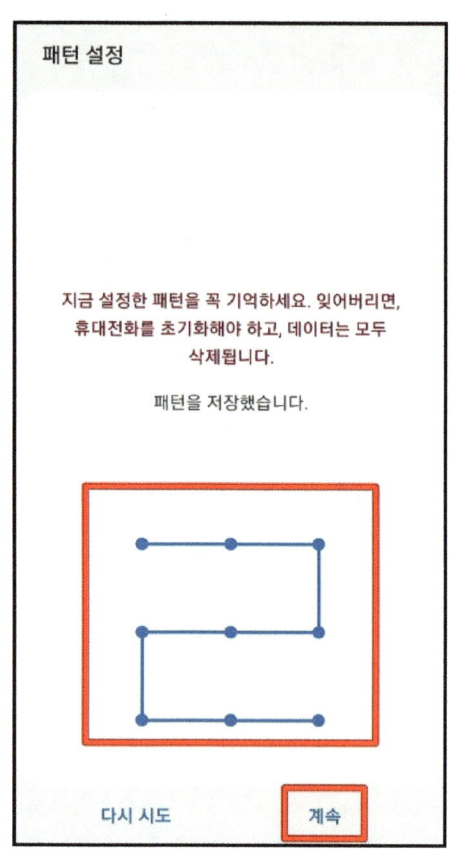

① [패턴 그리기]

② [계속]

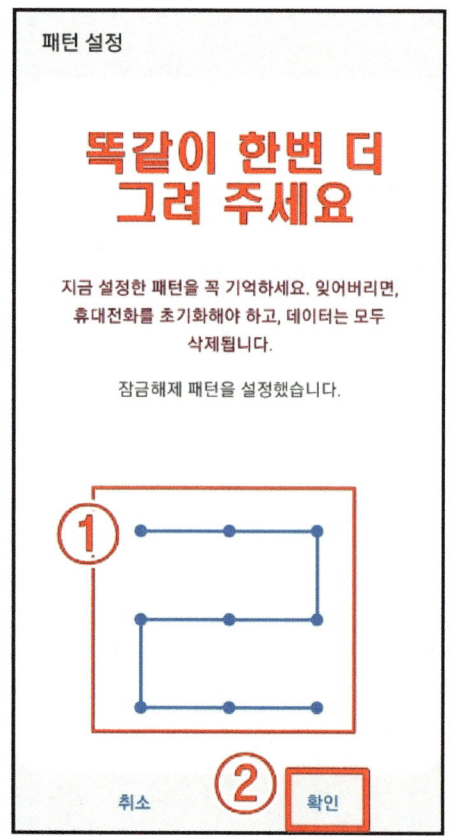

① [패턴 그리기]

똑같이 한번 더

② [확인]

잠금 화면 설정하기 - 패턴

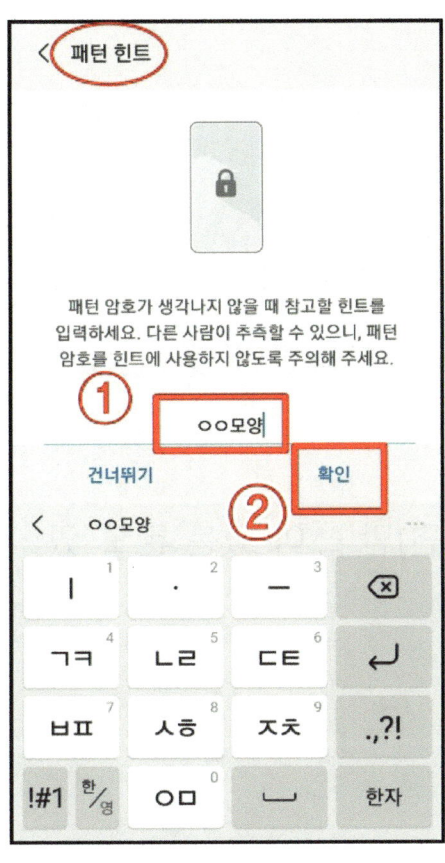

① 패턴 암호가 생각나지 않을 때 사용하는 [힌트] 입력

② [확인]

잠금 화면 설정하기 - 비밀번호

① [설정] 들어가기

② 하단에 [잠금화면 및 AOD]

[잠금화면]만 쓰여 있는 폰도 있음

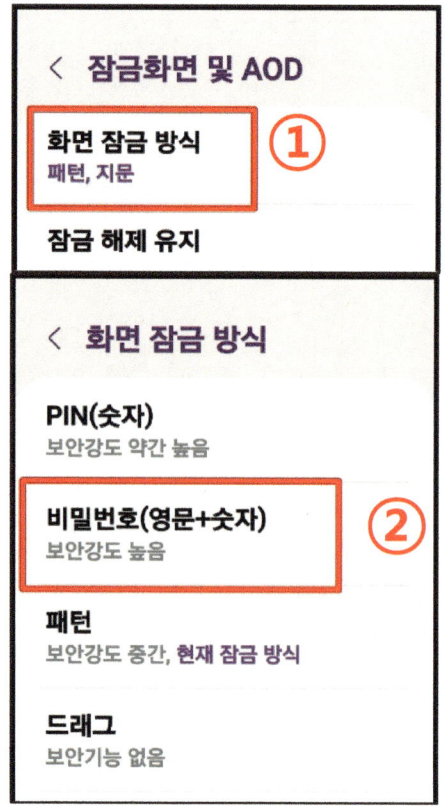

① [화면 잠금방식]

② [비밀번호] 선택

잠금 화면 설정하기 - 비밀번호

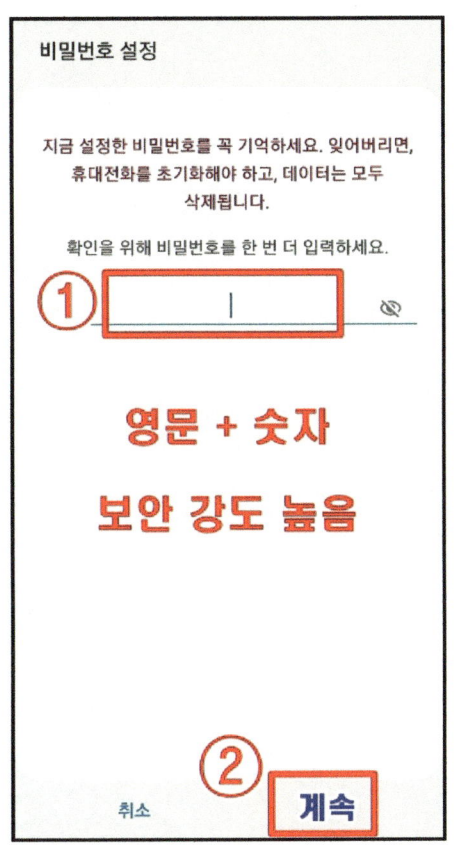

① [비밀번호] 입력하기

(숫자 또는 영문+숫자)

② [계속]

영문과 숫자 비밀번호로 비밀번호 설정하면 보안 강도가 높음

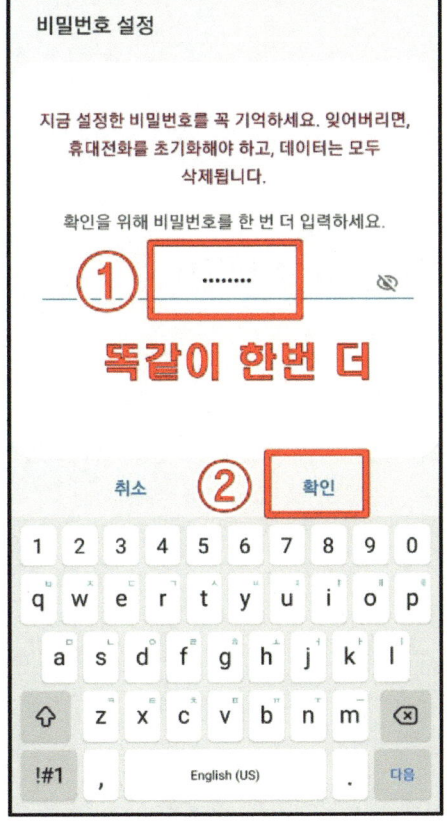

① [비밀번호] 똑같이

한번 더 입력

② [확인] 선택

잠금 화면 – 비상 연락처

① [비상연락처]

② 좌측 [바로가기] 버튼

③ 우측 [바로가기] 버튼

① [설정]

② [배경화면 및 스타일]

잠금 화면 – 비상 연락처

① 좌측 화면 선택

① [연락처 정보] 선택

3장 스마트폰 기본 활용하기

잠금 화면 – 비상 연락처

① [비상연락처] + [전화번호] + [병력사항]

특이사항을 기재해도 좋음

② [완료]

잠금 화면 – 바로가기 설정

① 눌러서 자주 사용하는 앱 선택[음성녹음]

(개인정보 유출되는 항목은 선택X)

① 눌러서 자주 사용하는 앱 선택([손전등]

방해금지 모드, 계산기 등 선택하면 좋음

3장 스마트폰 기본 활용하기

잠금 화면 – 바로가기 설정

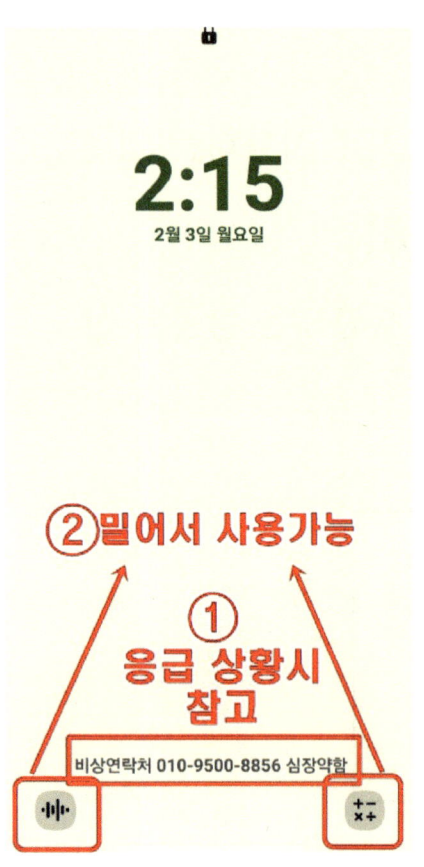

① 응급상황 발생 시 참고

② 대각선으로 밀어서 사용가능

잠금화면을 풀지 않아도 선택한

기능 바로가기 가능

다시 밀면 꺼짐

긴급전화와 긴급 연락처

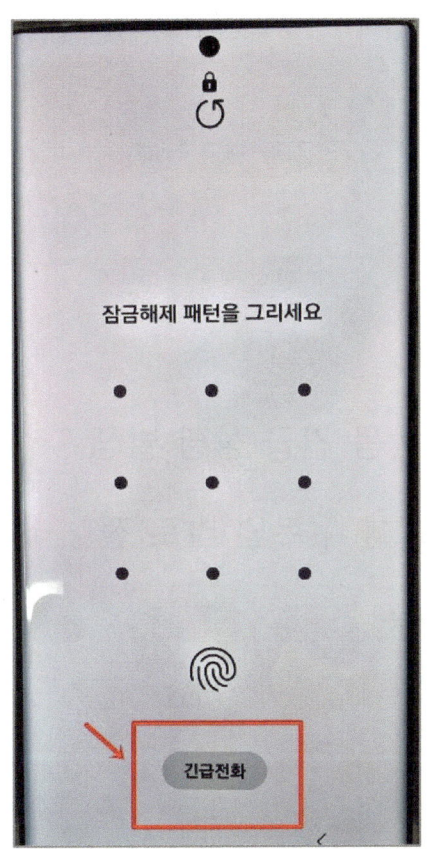

긴급 전화는 잠금화면이 있는 상태에서 바로 전화 걸기 가능 (패턴을 풀지 않아도 사용 가능)

[긴급전화] 터치

패턴을 해제하지 않아도 긴급전화를 걸 수 있다.

① 긴급전화를 받을 수 있는 [긴급연락처]로 전화 연결
② [+]를 터치해서 연락처 추가하기
③ 긴급번호를 터치하면 우리가 알고 있는 긴급번호로 연락

긴급전화

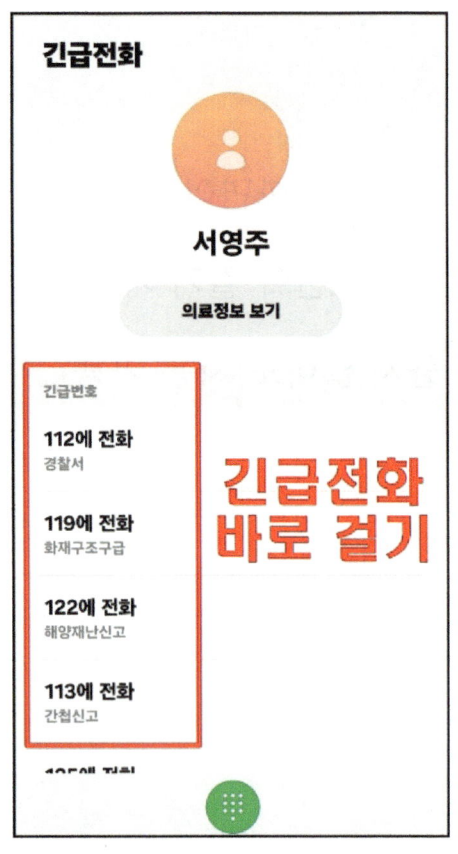

경찰서, 119 등 긴급 상황 발생 시 긴급번호를 누르면 바로 전화 연결 가능

긴급전화에서 의료정보를 확인할 수 있다.
① [의료정보] 터치하면 건강상태 의료정보 확인 가능

긴급 의료정보 설정

① [설정] 터치

② [안전 및 긴급] 터치

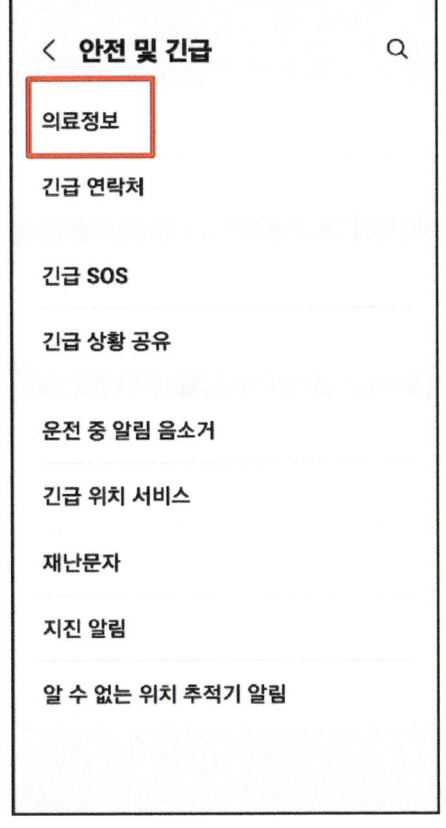

① [의료정보] 터치

3장 스마트폰 기본 활용하기

긴급 의료정보 설정

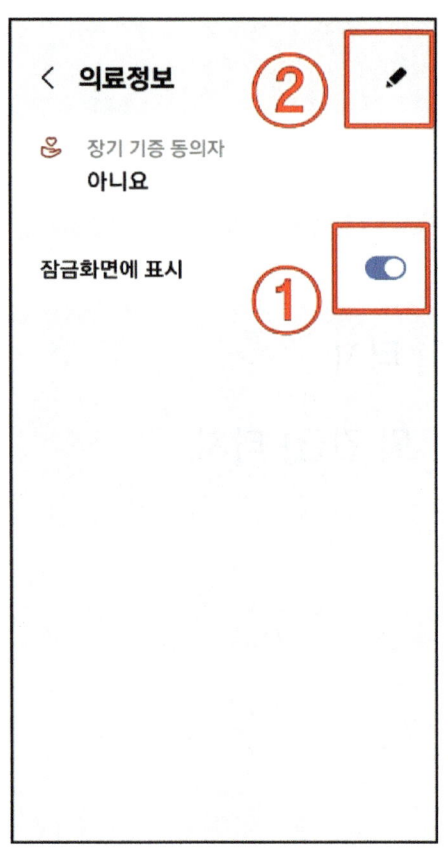

① [잠금화면에 표시] ON

② [편집] 연필모양 터치

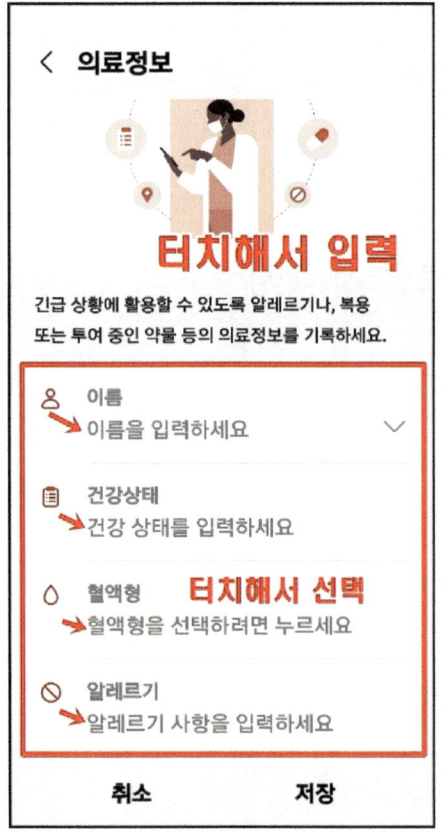

① [이름] 입력

② [건강상태]를 입력

③ [혈액형]을 선택

④ [알레르기] 유무 입력

긴급 의료정보 설정

① [복용 중인 약] 입력

② [체중] 설정

③ [키] 입력

④ [생년월일] 입력

⑤ [주소] 입력

⑥ [장기 기증] 상태

⑦ [참고사항]까지 모두 입력

⑧ [저장] 하기

차례대로 입력하기

긴급 의료정보 확인

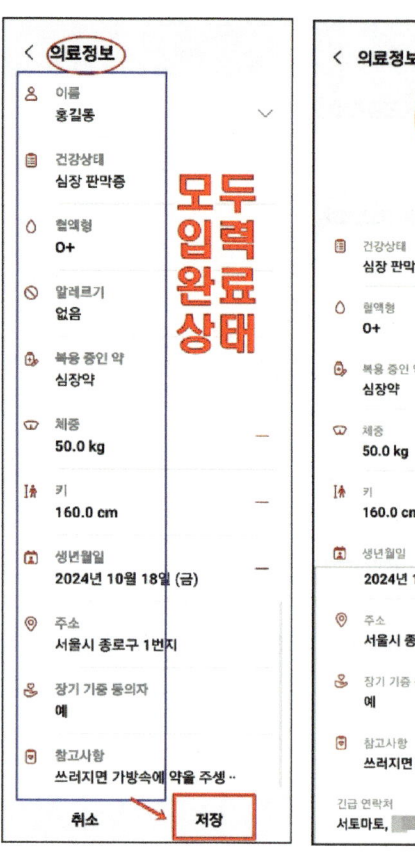 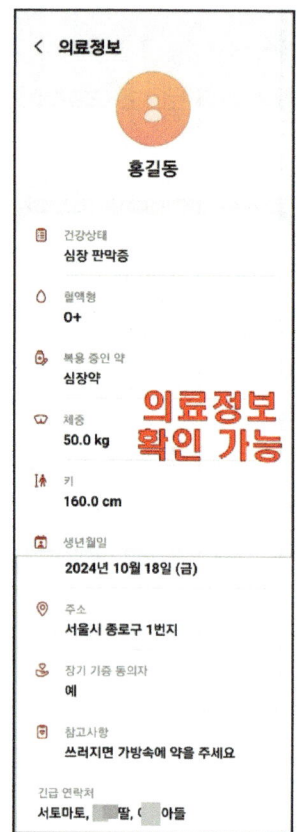

모든 의료정보를 입력하고 저장하면 긴급 상황 발생시 의료인 또는 도움을 주는 사람이 의료 정보를 확인 가능

보안 위험 자동 차단(보안 및 개인정보 보호)

① [설정] 입력

② [보안 및 개인정보 보호]

③ [초록색 불] 켜지고 문제 없는지 확인(폰마다 색상이 다르게 나타남)

④ [보안 위험 자동 차단] on

4장

스마트폰 앱 활용

스마트폰 앱 활용

1. 디스플레이 설정
2. 앱 설치하기
3. 앱 삭제 방법
4. 앱 화면 정리하는 방법
5. 모바일 건강보험증

디스플레이 - 홈 화면과 앱 화면

홈 화면

[홈화면]은 휴대폰 켜면 나오는 첫 화면, 바탕 화면

위 아래로 스와이프 하면(넘기면) [앱 화면]으로 감

앱 화면

모든 앱이 설치되어 있는 화면으로 스와이프하면 [홈 화면]으로 넘어 감

앱 설치하는 방법

[앱]과 [어플]은 같은 뜻이며, 애플리케이션의 약자로 표준어는 [앱]이다.

Play 스토어(앱 상점)에서 설치(다운로드)한다.

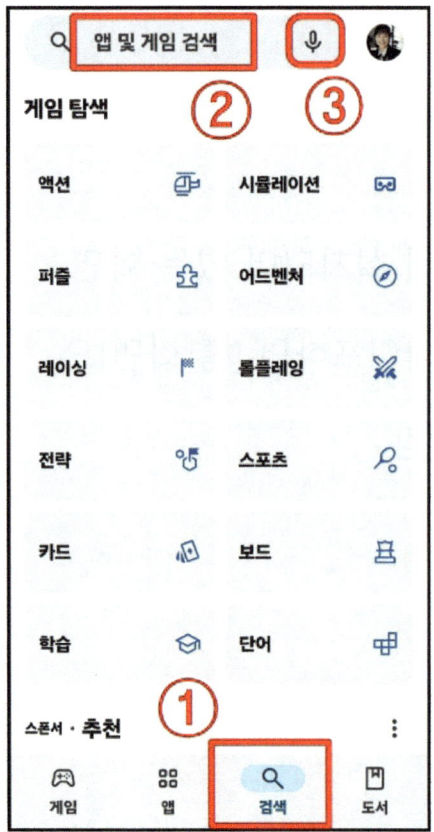

1. 검색
2. 앱 이름 문자로 검색할 때 사용
3. 음성으로 검색할 때 사용

앱 설치하는 방법

1. 검색 창을 터치해서 [문자 입력](또는 마이크를 터치해서 말하기)

2. [설치]하기

3. [열기]

다시 실행할 경우 앱화면 맨 마지막을 보면 찾을 수 있음

4장 스마트폰 앱 활용

자주 사용하는 앱 - 홈 화면 추가

1. 자주 사용하는 앱, 홈화면으로 보낼 앱을 꾹 누르면 글자가 보임
2. [홈 화면에 추가]하기

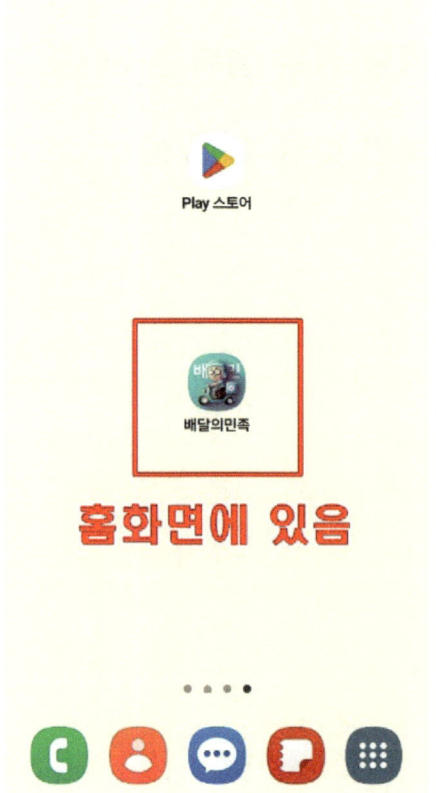

홈 화면에 추가 되어 있음

앱 삭제하는 방법

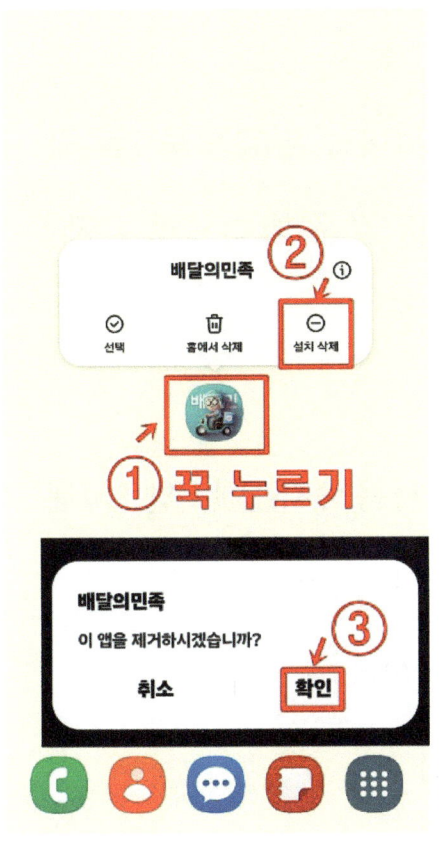

1. 자주 사용하지 않는 앱, 삭제할 앱 꾹 누르기

2. [설치 삭제]

3. [확인]

앱이 삭제되어 홈 화면이 비어있음

앱 삭제하는 방법

앱을 삭제하는 방법으로 [앱 화면]에서도 같은 방법으로 삭제할 수 있음

1. 자주 사용하지 않는 앱, 삭제할 앱 꾹 누르기
2. [설치 삭제]
3. [확인]

[앱] 다른 화면으로 이동하는 방법

앱을 다른 화면으로 이동시킬 때 사용

1. 이동할 [앱] 꾹 누르기
2. 좌우 상하로 이동하기도 하고 화면을 이동시킬 수 있다.

앱 화면 정리하는 방법

이동 완료

앱 화면 에서도 같은 방법으로 앱의 성격대로 분리하여 정리할 수 있다.

모바일 건강 보험증

건강보험 부정사례를 방지하기 위해 **'요양기관 본인 자격 확인 강화제도'** 를 시행하고 있다.(2024년 5월 20일 보건복지부)

병의원에서 건강보험으로 진료 받을 때는 주민등록증, 운전면허증, 모바일신분증, 건강보험증을 실물 또는 모바일로 제시하여 본인 확인을 받아야 한다.

이에 따라 실물이 아닌 모바일 건강보험증을 설치하여 사용함으로 스마트폰만 소지하고 있으면 편리하게 본인 확인을 받을 수 있다.

모바일 건강 보험증

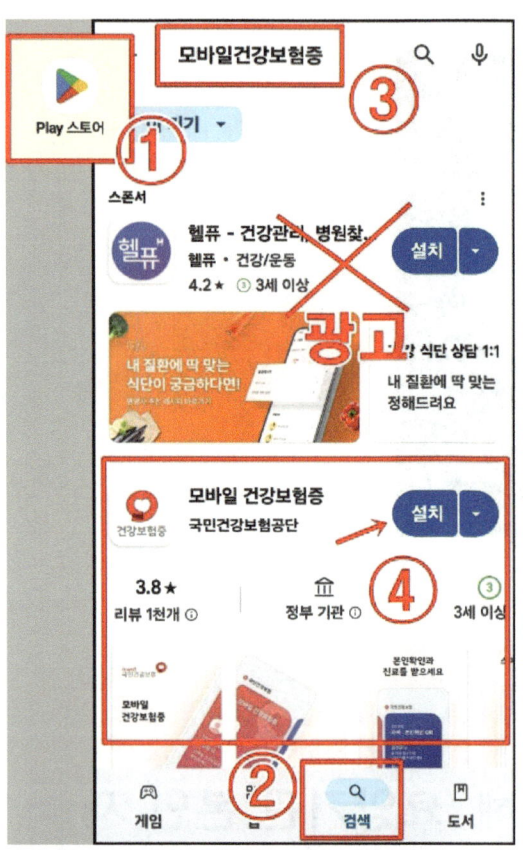

① [Play 스토어]

② [검색] 돋보기 터치

③ [모바일건강보험증] 검색

④ [설치]

상단에 있는 정보는 광고화면이기때문에 설치하면 안 됨

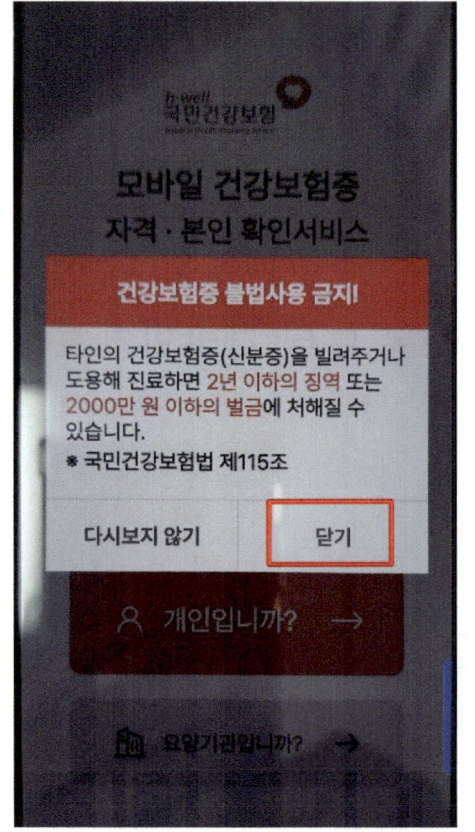

불법 사용 금지 경고 문구

① [닫기]

모바일 건강 보험증

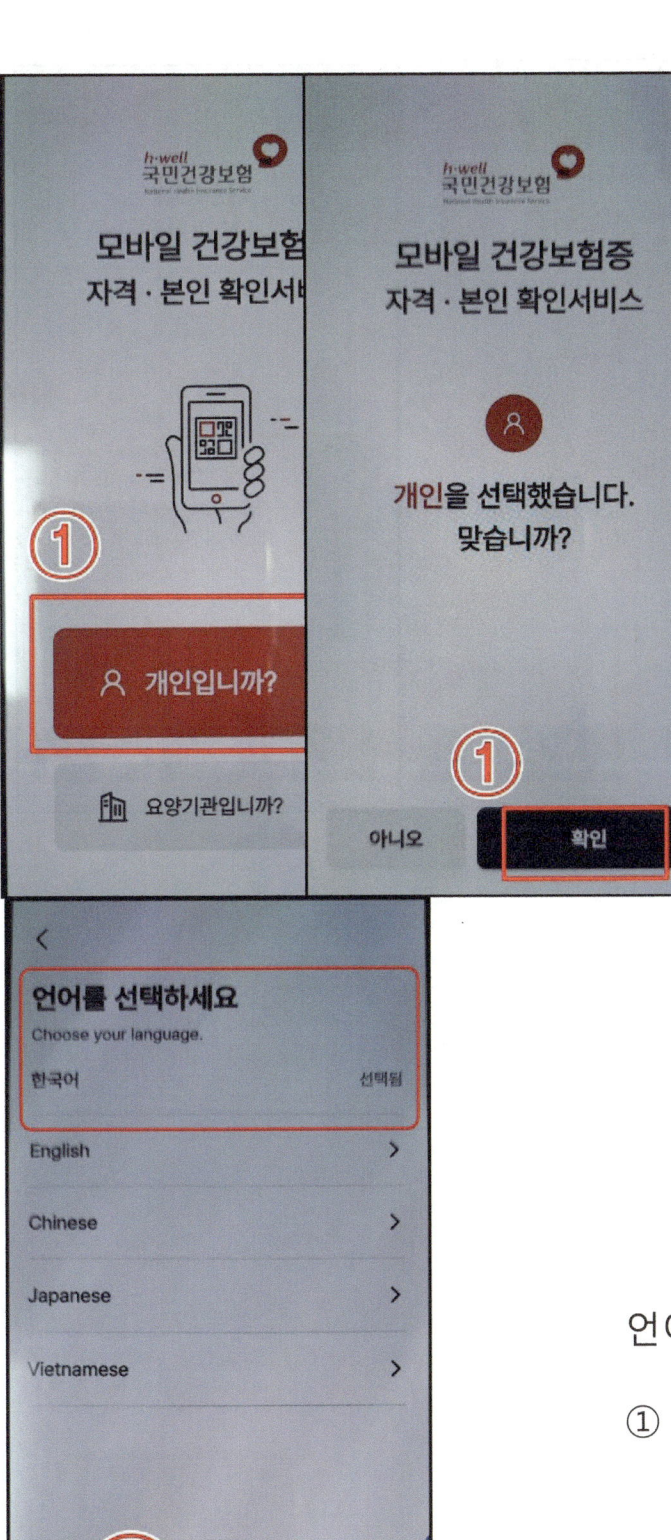

① [개인입니까?]

② [확인]

언어 선택 [한국어]

① [확인]

4장 스마트폰 앱 활용

모바일 건강 보험증

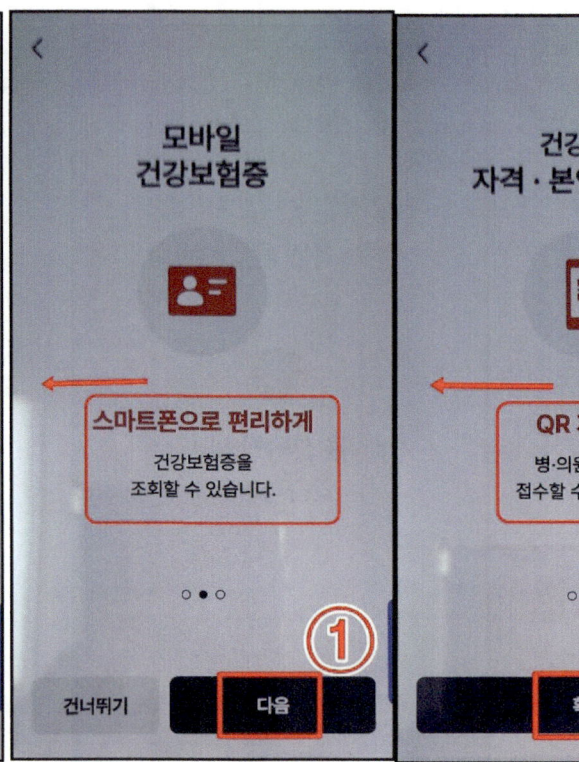

① [다음]

개인정보 보호

② [다음]

스마트폰 건강보험증

③ [다음]

본인 확인 QR

안내문구 확인

(좌측으로 스와이프해도 됨)

모바일 건강 보험증

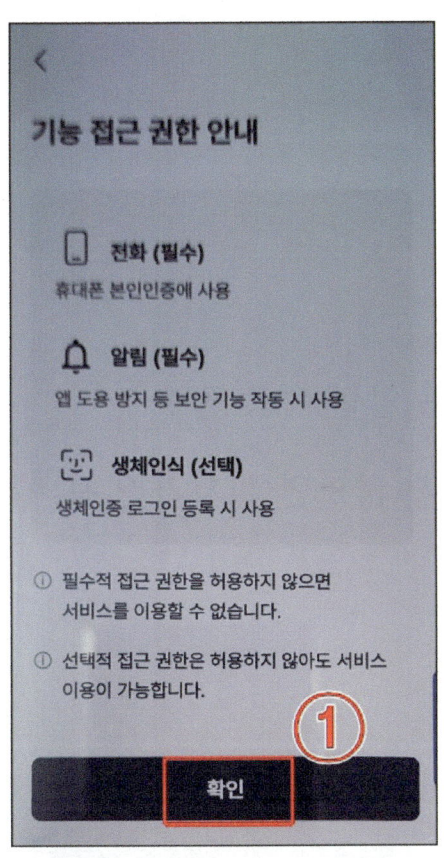

① 기능 접근 권한 안내

[확인]

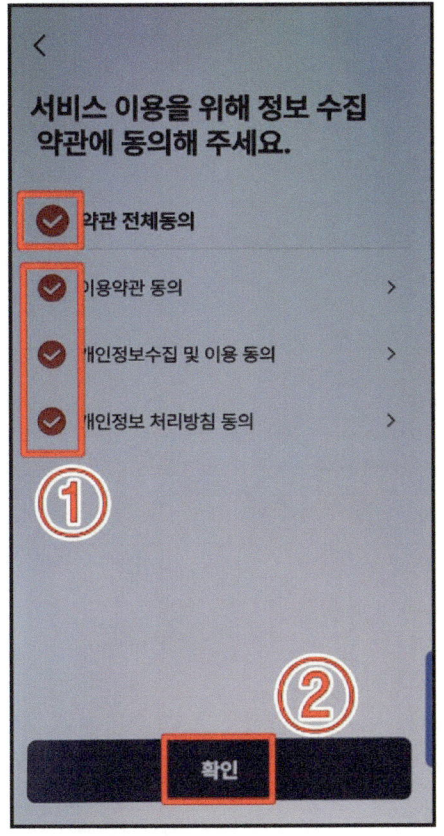

① 약관 전체동의

② [확인]

모바일 건강 보험증

① [허용]알림 허용 필수

허용하지 않으면 설치가 안됨

① 관리 [허용]

모바일 건강 보험증

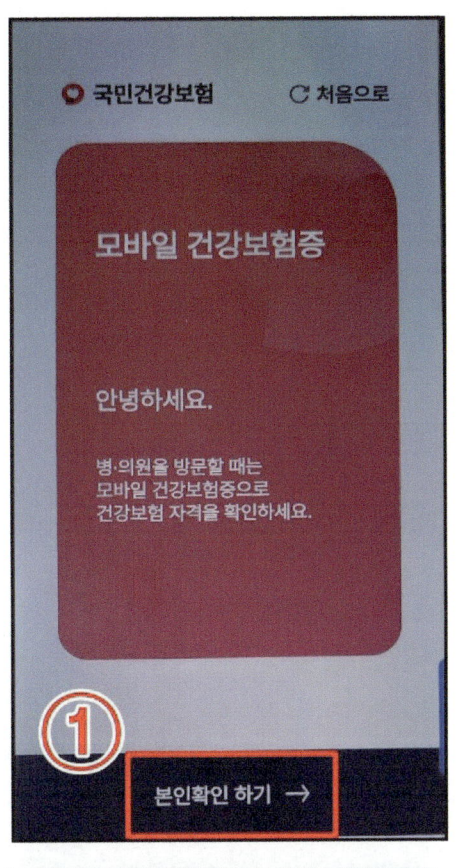

① [본인확인 하기]

건강보험 자격 확인

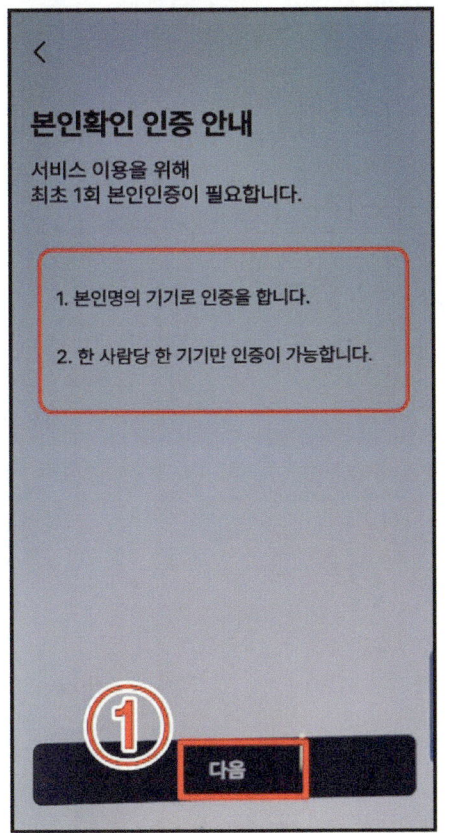

① 본인명의 기기로 인증

[다음]

휴대폰 명의가 다를 경우

인증 못함

모바일 건강 보험증

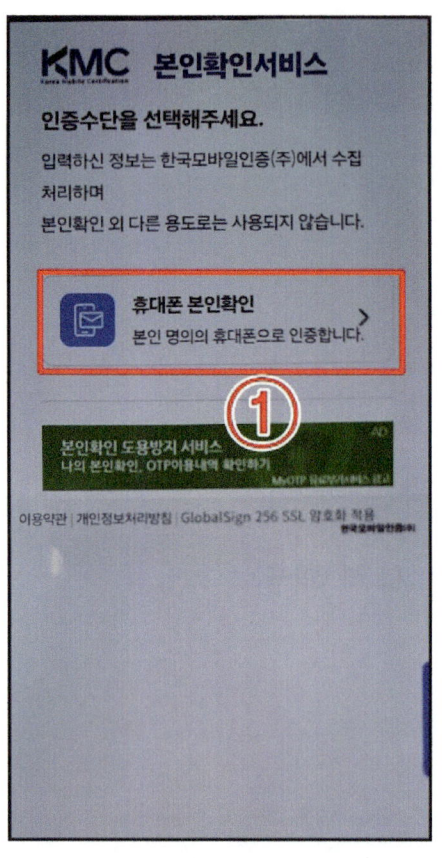

① [휴대폰 본인확인]

인증 시작

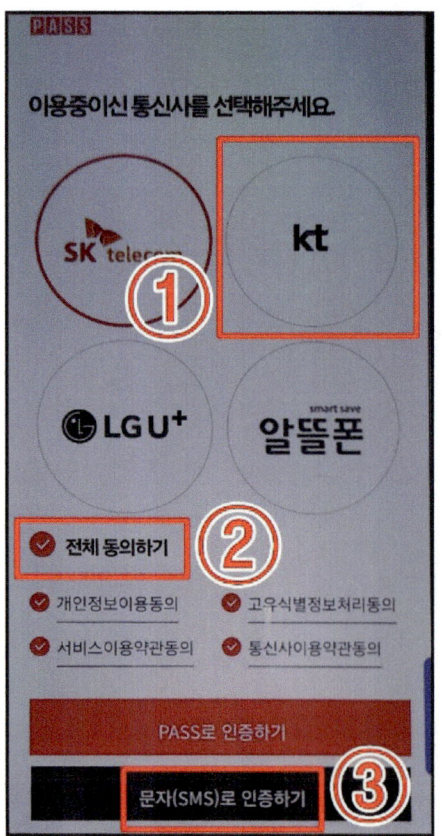

① 통신사 [선택]

② [전체 동의하기

③ [문자로 인증하기]

모바일 건강 보험증

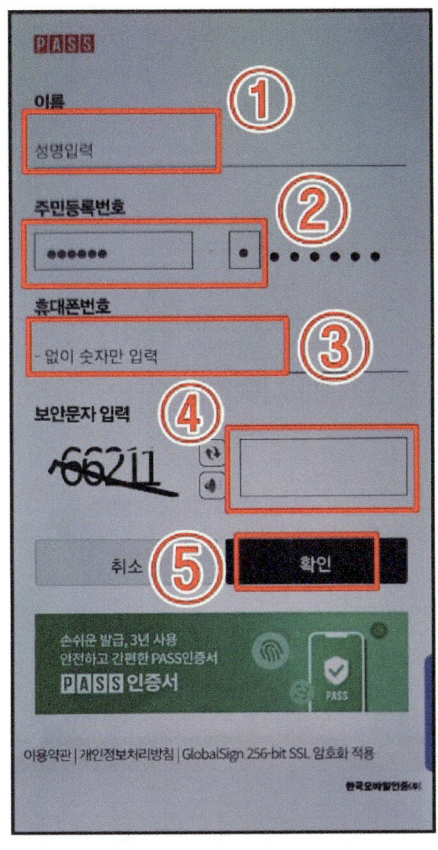

① [성명입력]

② [주민등록번호 앞자리 6자리]

와

뒤 자리 [성별구분 1자리]

③ [휴대폰 번호 입력]

④ 좌측 [보안문자 입력]

⑤ [확인]

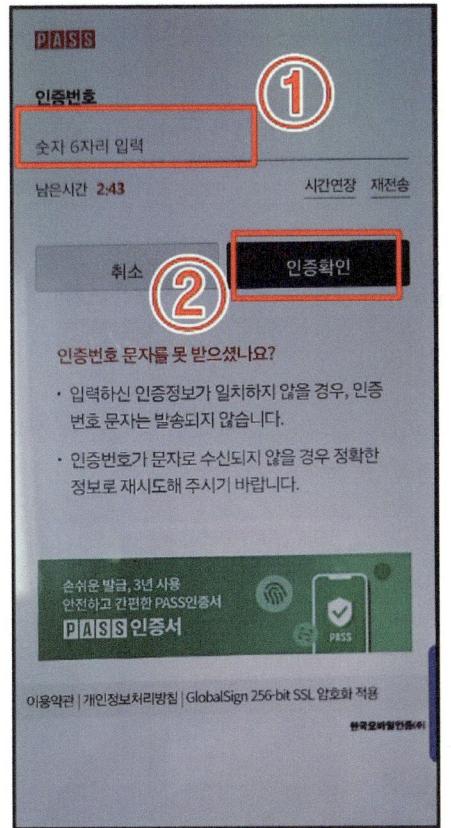

① [인증번호 6자리] 입력

② [인증확인]

모바일 건강 보험증

① 인증완료 메시지[확인]

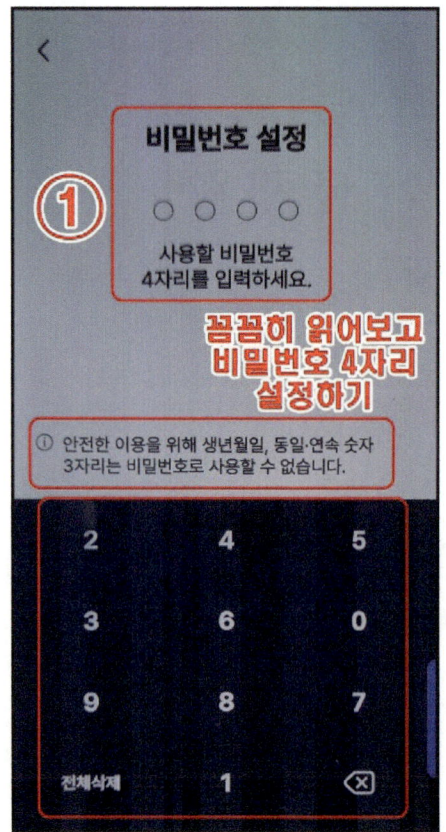

① 비밀번호 설정

[비밀번호 4자리] 입력

잊어버리지 않도록 기억하기

모바일 건강 보험증

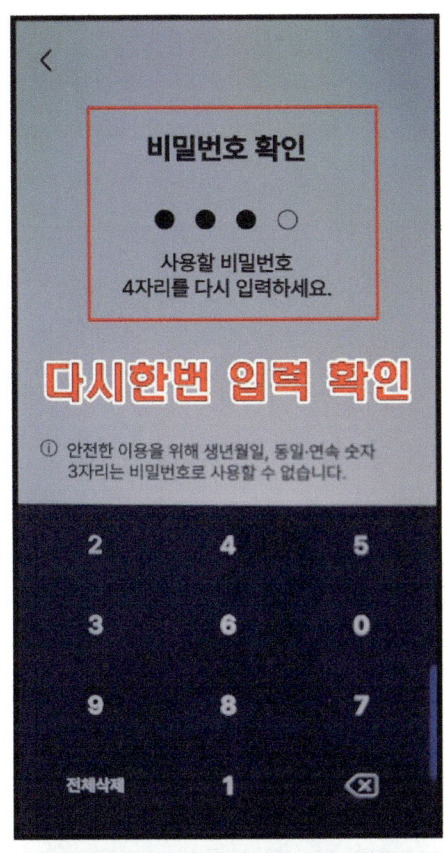

① [비밀번호 4자리]

한번 더 확인 입력

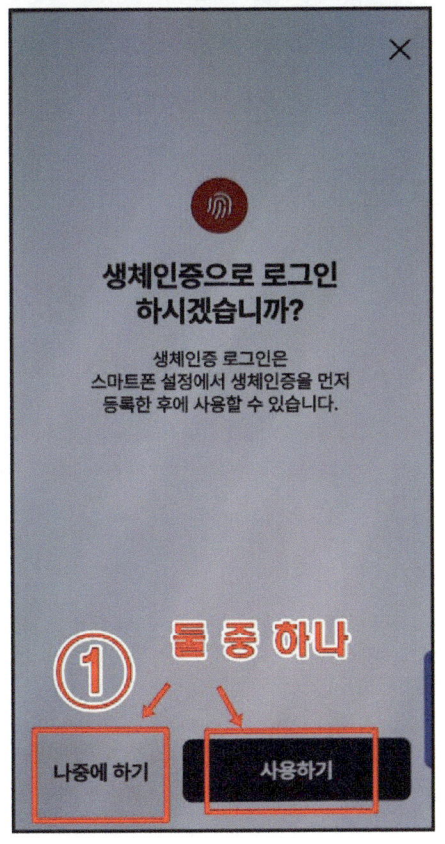

① 생체인증 [사용하기]

또는 [나중에 하기]

모바일 건강 보험증

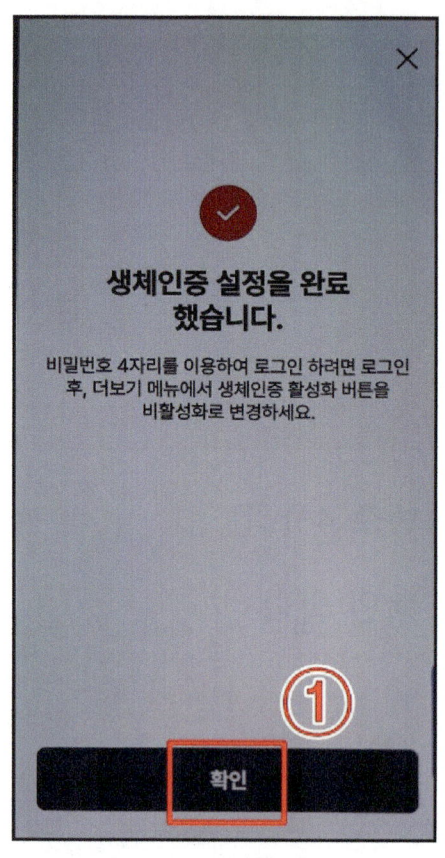

① 생체인증 설정 완료[확인]

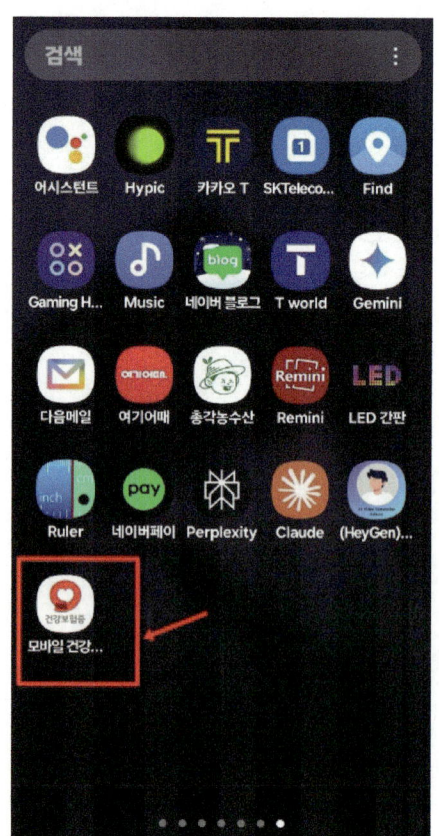

완료되면 모바일건강보험증 첫 페이지가 나옴

앱 화면에서 들어가기 해보기

모바일 건강 보험증

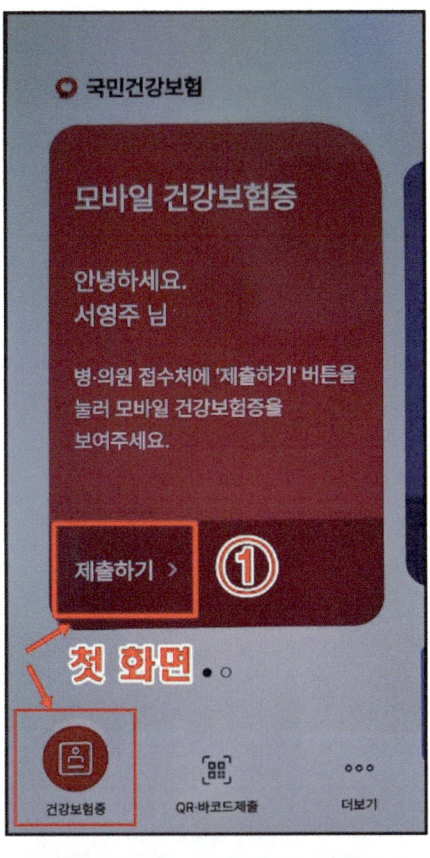

첫 화면 나옴

① [제출하기] 또는 [건강보험증] 터치

① 본 화면을 병의원에 제출하면 됨

모바일 건강 보험증

① [QR 바코드 제출]

QR 코드를 제출하는 병의원의 경우 사용 가능

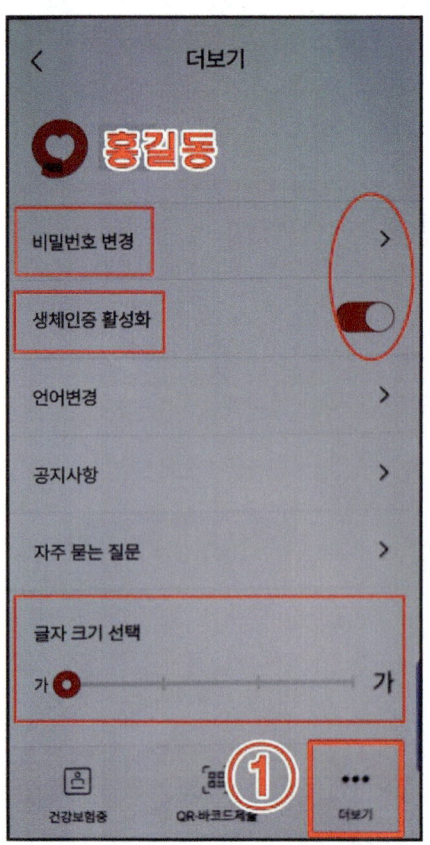

① [더보기] 점 3개

비빌번호 변경,

생체인증 활성화,

글자 크기 조절 선택 가능

카카오톡 제대로 활용하기

카카오톡 제대로 활용하기

1. 사진 영상 보내기 설정
2. 위치정보 보내기
3. 연락처 보내기
4. 유용한 기능(메시지 삭제, 채팅방 공지, 책갈피, 조용한 채팅방)
5. 카카오 Pay 가입 하기
6. 카카오 계좌 연결하기
7. 카카오 빠른 송금하기
8. 마케팅 수신 동의 해제하기
9. 광고성 정보 수신 동의 해제하기
10. 광고전화 차단하기

사진 영상 보내기 설정

① [채팅]

카톡 - 채팅

② [친구 선택] 사진 받을 친구

① [+ 버튼]

메시지 입력 창 옆에 있음

5장 카카오톡 제대로 활용하기

사진 영상 보내기 설정

① [전체]

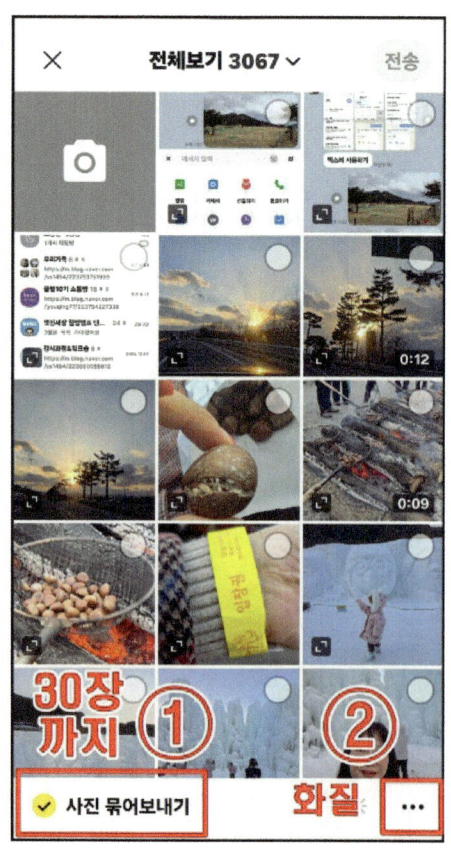

① [사진 묶어보내기]

사진을 여러장 보낼 때 묶어서 보내면 30장까지 한번에 전송됨

② [더보기] 점 3개

위치 정보 보내기(지도)

카톡 – 채팅 – 받을 친구 선택

① [+ 버튼]

② [지도]

① [위치정보 보내기]

휴대폰이 있는 현 위치를 보냄

② 다른 곳의 위치를 보낼 경우 [검색]해서 위치 정보 보내기 가능

5장 카카오톡 제대로 활용하기

위치 정보 보내기(지도)

카톡 – 채팅 – 받을 친구 선택

① [+ 버튼]

② [지도]

① [위치정보 보내기]

현 위치를 보냄

② [검색]해서 위치 정보 보내기 가능

연락처 보내기

카톡 – 채팅 – 받을 친구 선택

① [+ 버튼]

② [연락처]

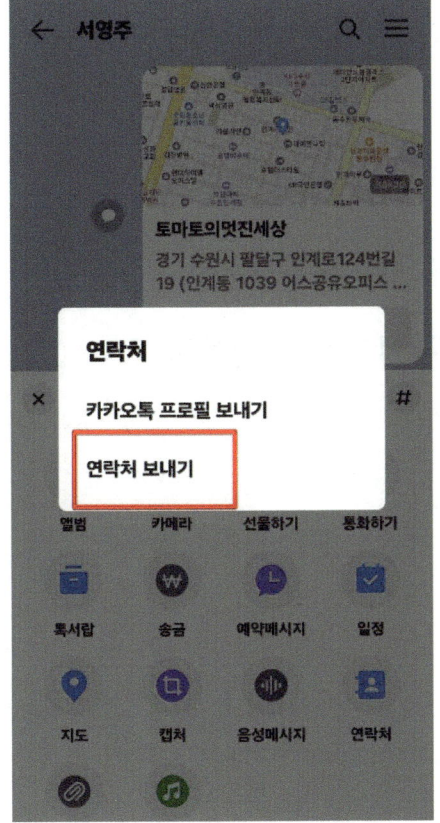

① [연락처 보내기]

5장 카카오톡 제대로 활용하기

연락처 보내기

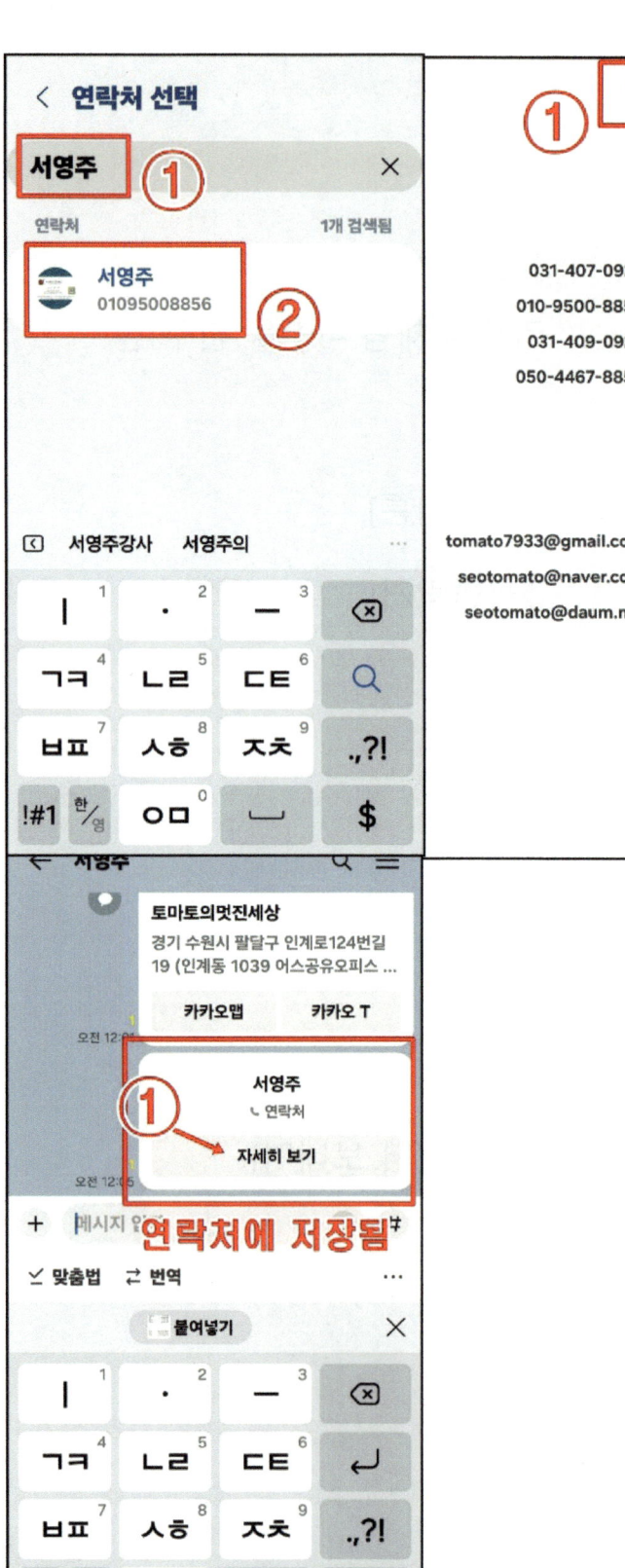

① [이름 검색]

② [연락처 선택]

① [자세히 보기] 누르면 연락처에 저장 됨

유용한 기능 – 메시지 삭제하기

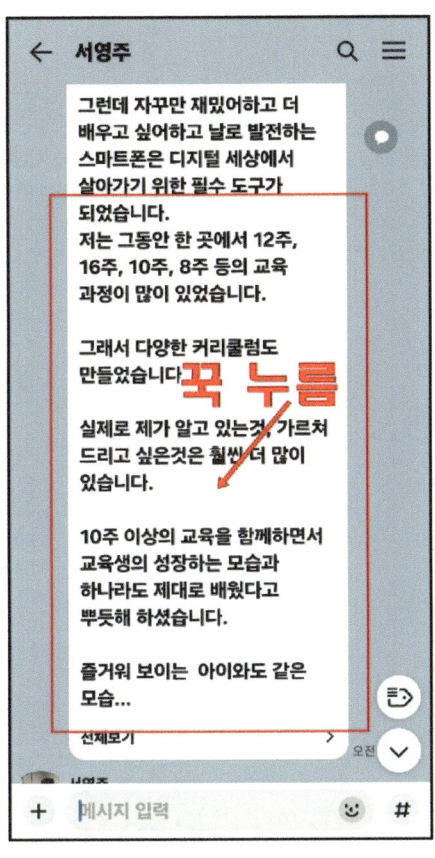

카톡 – 채팅 – 삭제할 메시지

꾹 누름

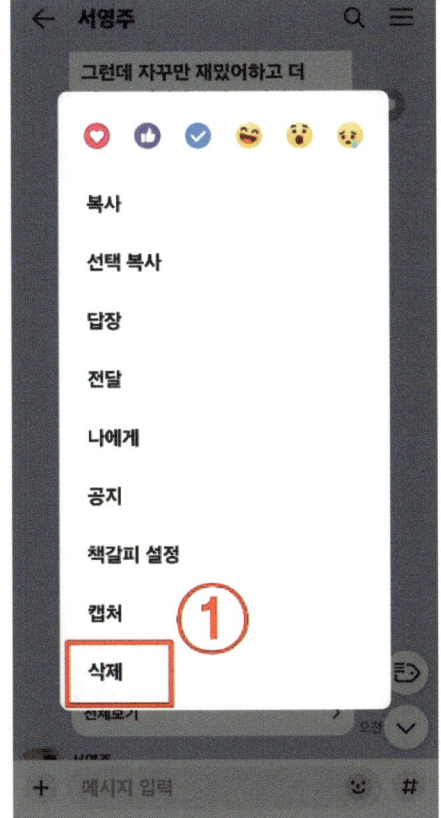

① [삭제]

메시지가 삭제 됨

유용한 기능 - 채팅방 상단 공지

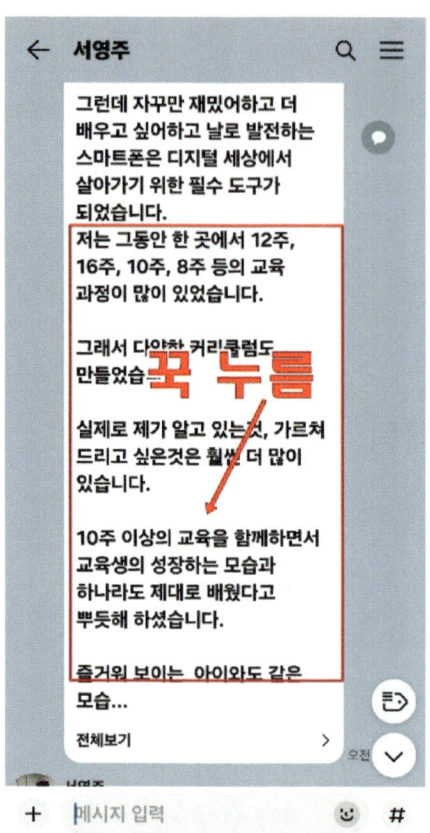

카톡 - 채팅 - 중요 메시지

꾹 누름

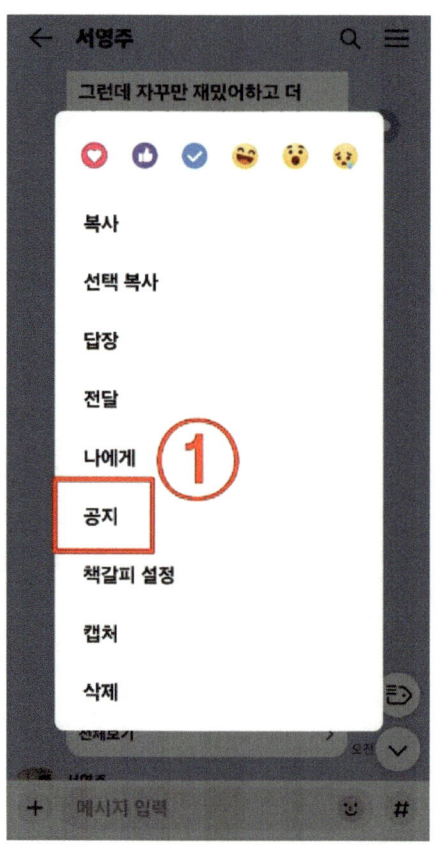

① [공지]

유용한 기능 – 메시지 삭제하기

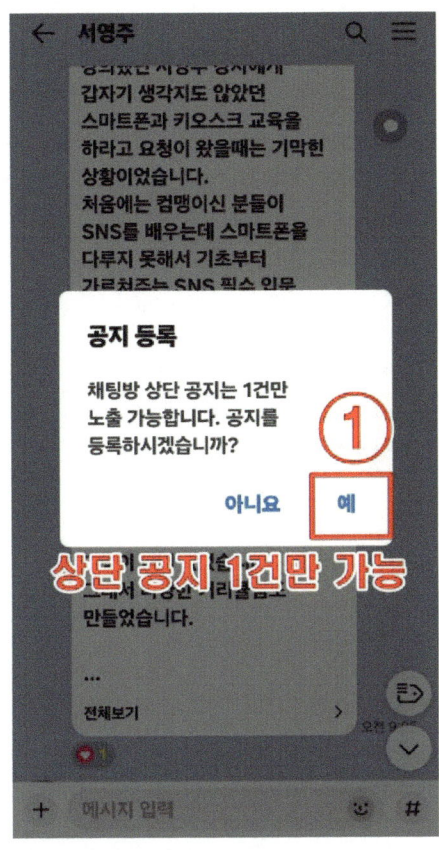

공지 등록

[예]

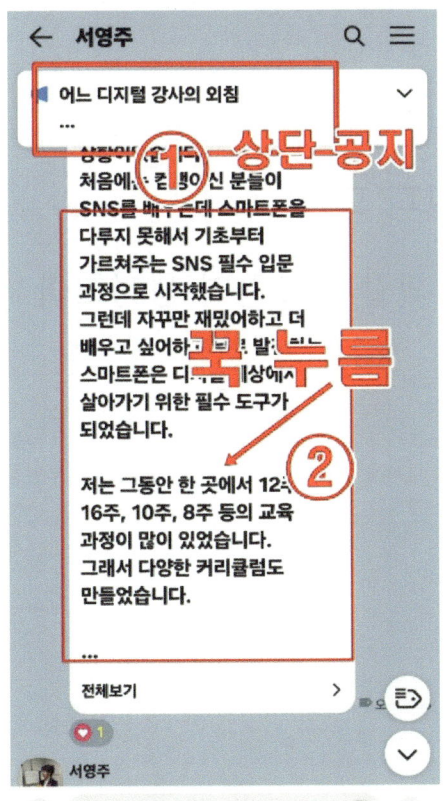

① [상단 공지]

상단 공지창에 있음

1개만 가능

② 메시지 꾹 누름

5장 카카오톡 제대로 활용하기

유용한 기능 - 책갈피

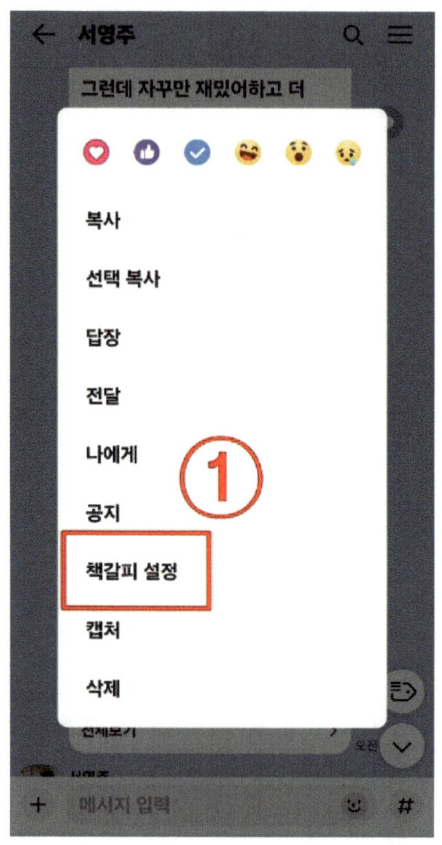

① [책갈피 설정]

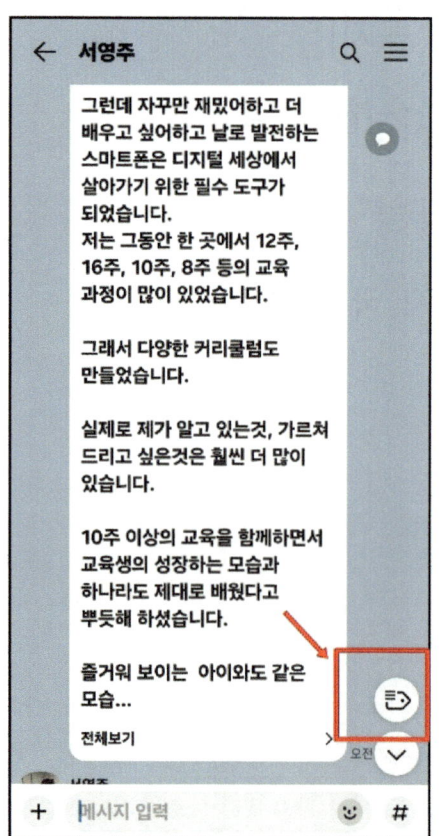

① [책갈피 모양]

우측에 책갈피 모양이 생성되어 있음

유용한 기능 – 책갈피

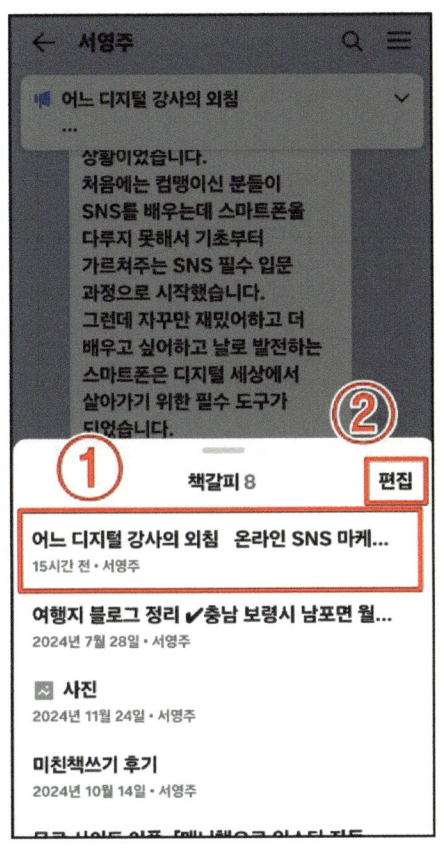

책갈피를 설정해 놓으면 중요한 정보를 언제든지 빠르게 찾을 수 있음

① 선택해서 확인

② [편집] 가능

유용한 기능 – 조용한 채팅방

① 카톡 – 채팅 – 알림을 받고 싶지 않은 친구 선택

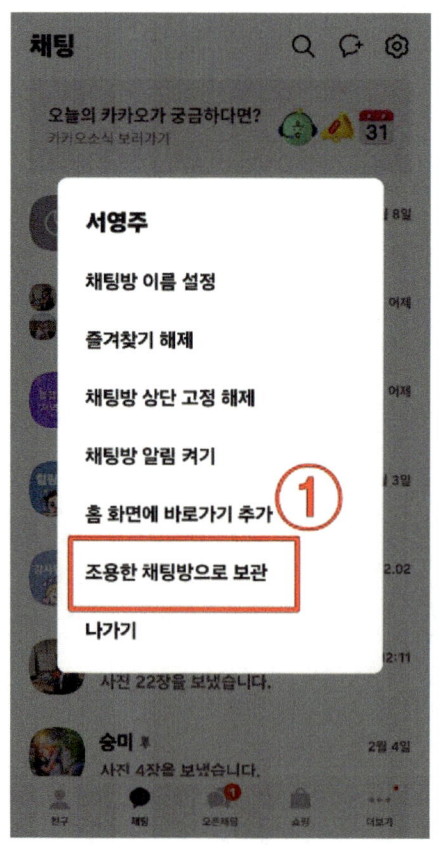

① [조용한 채팅방으로 보관]
조용한 채팅방은 알림이 울리지 않으며, 메시지 수신 표시도 되지 않음

유용한 기능 – 조용한 채팅방

조용한 채팅방 편집

① 해제하고 싶은 친구(단톡방) 꾹 누르기

② [편집]을 눌러서 한번에 정리 가능

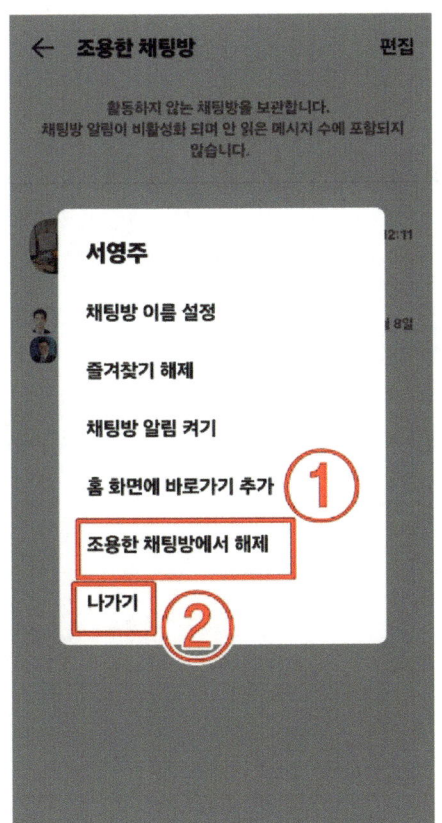

① [조용한 채팅방에서 해제]

또는

② [나가기]

유용한 기능 – 조용한 채팅방

조용한 채팅방 편집

① 해제하고 싶은 친구(단톡방) 꾹 누르기

② [편집]을 눌러서 한번에 정리 가능

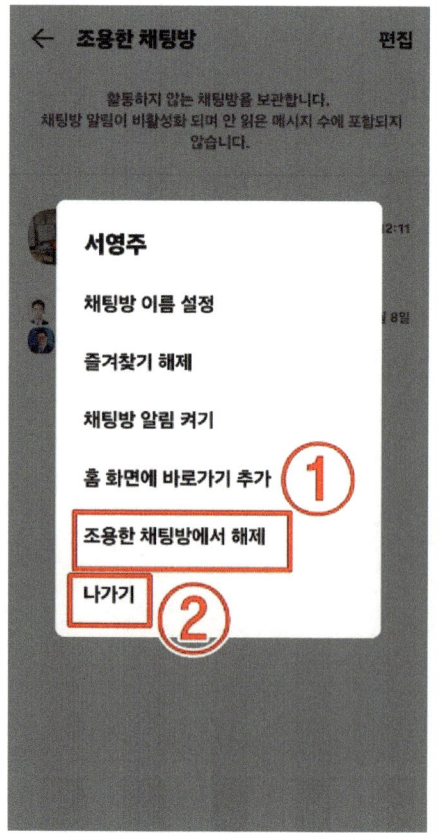

① [조용한 채팅방에서 해제]

또는

② [나가기]

카카오 페이(Pay) 가입하기

[온오프라인 결제하기 가능한 카카오 페이]

카카오톡 쇼핑하기, 송금하기, 정산하기, 선물하기, 구매주문하기, 예약하기 등을 사용하려면 카카오 Pay에 가입이 되어 있어야 결제하기와 다양한 편의 이용이 가능하다.

카카오 Pay는 카카오톡 내에서 뿐만 아니라, 온라인 플랫폼에서 결제하기 및 오프라인 매장에서의 결제도 이용 가능하다.

카카오 Pay 가입하기

[카카오톡]

① [더보기] 3선

② [Pay]

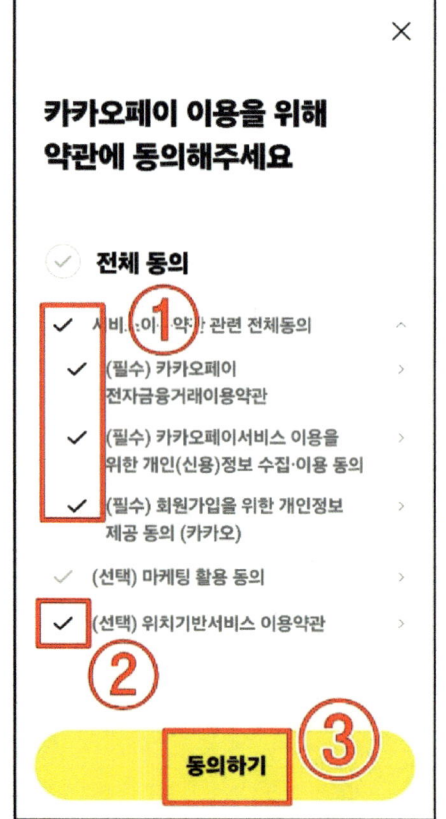

① [필수 동의] ON

② 마케팅활용동의는

선택하지 않고

 [위치기반서비스] ON

③ [동의하기]

카카오 Pay 가입하기

① [계속하기]]

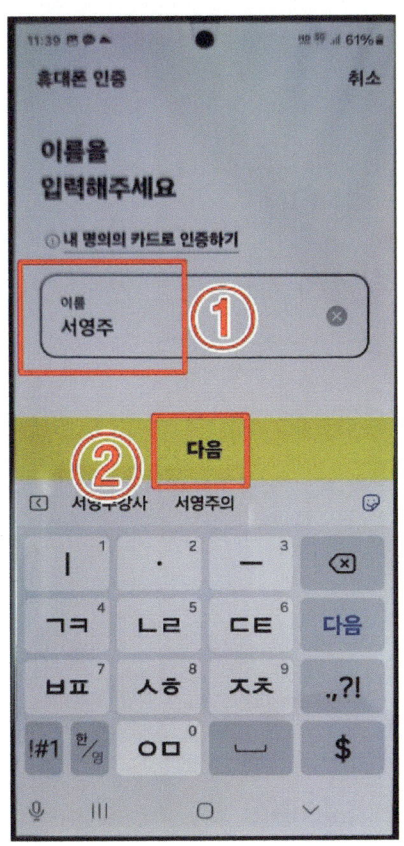

① [이름] 입력

② [다음]

카카오 Pay 가입하기

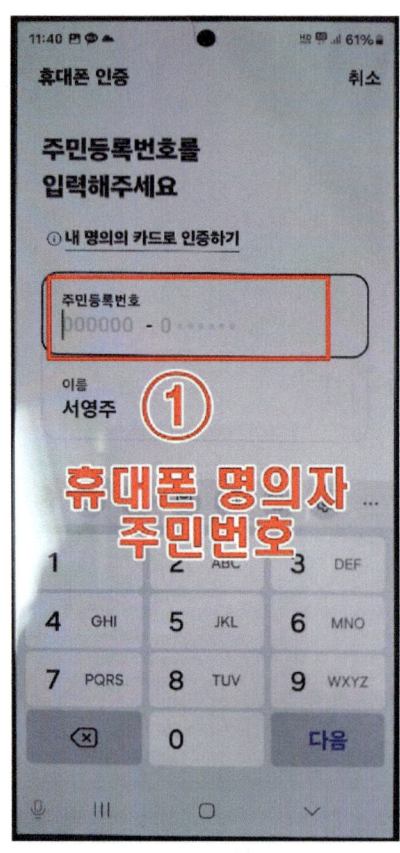

① [주민등록번호] 앞자리 와 뒤 1자리 입력

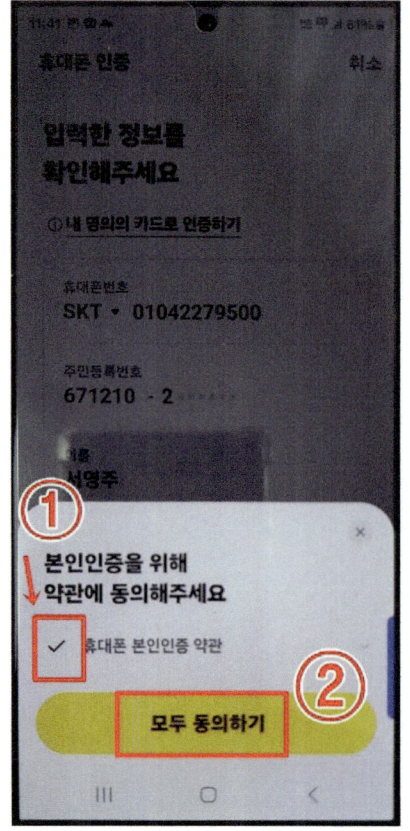

① [약관동의] ON

② [모두 동의하기]

카카오 Pay 가입하기

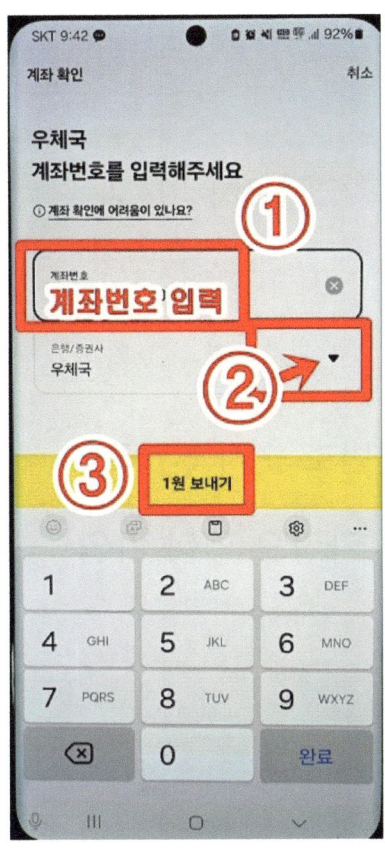

① [계좌번호] 입력

② [은행] 선택

③ [1원 보내기]

본인이 입력한 계좌로 1원이 송금되었으며, 통장 내역을 확인한 후

입력창에 [송금인 번호] 입력하면 됨

카카오 Pay 가입하기

① [비밀번호 숫자 6자리] 입력

사용할 비밀번호 숫자 6자리를 입력하면 카카오 페이 가입 완료

카카오 계좌 연결 방법

카카오톡

① [채팅]

② [친구] 선택

처음 테스트는 가족을 선택하면 좋음

① [+ 버튼] 터치

② [송금]

카카오 계좌 연결 방법

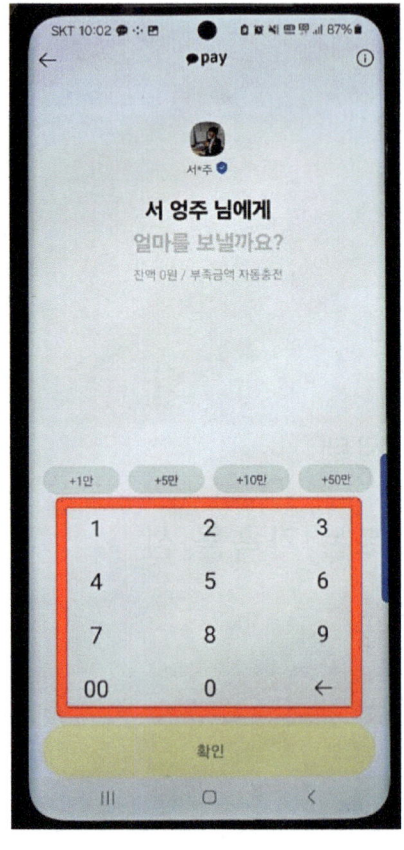

친구에게 얼마를 보낼까요?

숫자판을 이용해서 금액 입력

① [금액] 입력

② [확인]

카카오 계좌 연결 방법

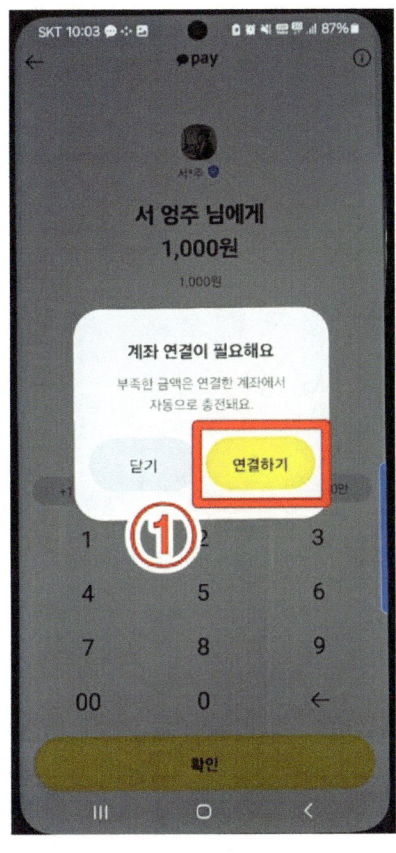

[계좌 연결 필요]

① [연결하기]

① [은행] 선택

② [계좌번호] 입력

③ [다음]

카카오 계좌 연결 방법

ARS 인증번호를 기억해 두고

① [더보기] 3선

② [인증 전화 요청]

전화가 걸려온다.

안내 멘트에 따라 ARS 인증번호 [30]을 입력한다.

① [연결 계좌] 확인

② [인증완료]

카카오 계좌 연결 방법

① [약관동의] 체크

② [확인]

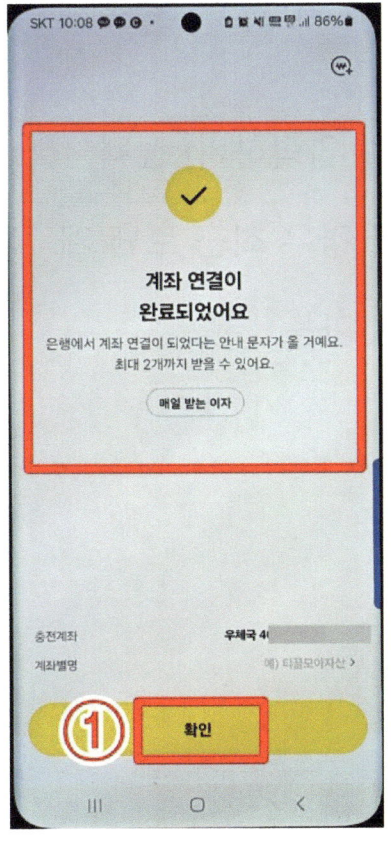

계좌 연결 완료

① [확인]

카카오 페이 송금 방법 1

[카카오톡]

① [더보기] 3선

② Pay에서 [송금]

① [계좌번호 입력하기] 선택

계속 송금의 경우 최근 보낸 계좌에서 선택 가능

카카오 페이 송금 방법 1

① [계좌번호] 입력

② [은행] 선택

③ [확인]

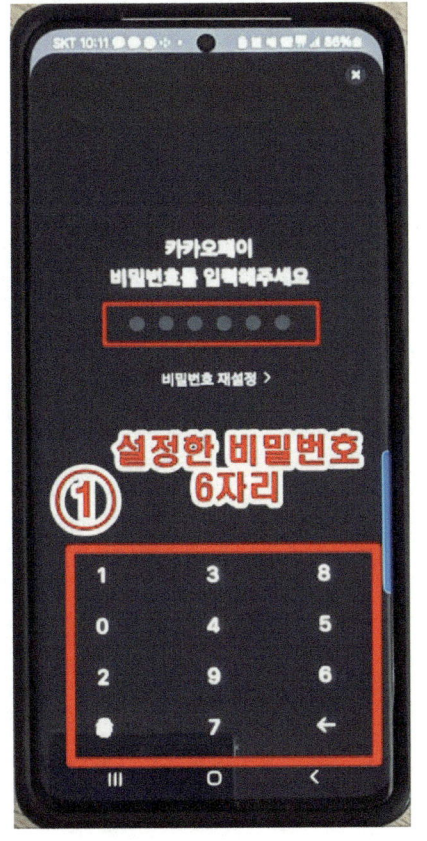

① [카카오페이 비밀번호 6자리]

입력

5장 카카오톡 제대로 활용하기

카카오 페이 송금 방법 1

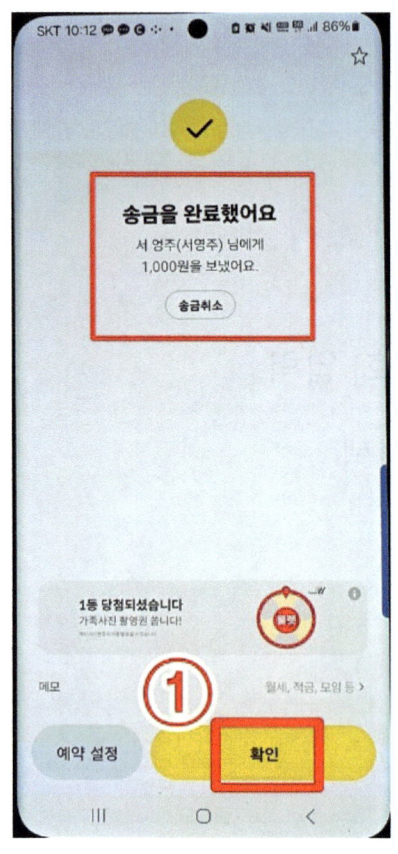

송금 완료

① [확인]

카카오 페이 송금 방법 2

[카카오톡]

① [채팅]

② 송금 받을 친구 선택

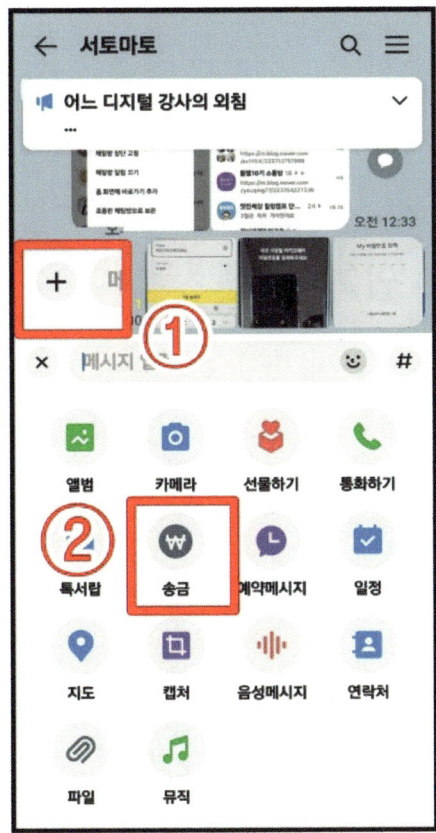

① [+ 버튼] 터치

② [송금] 선택

5장 카카오톡 제대로 활용하기

카카오 페이 송금 방법 2

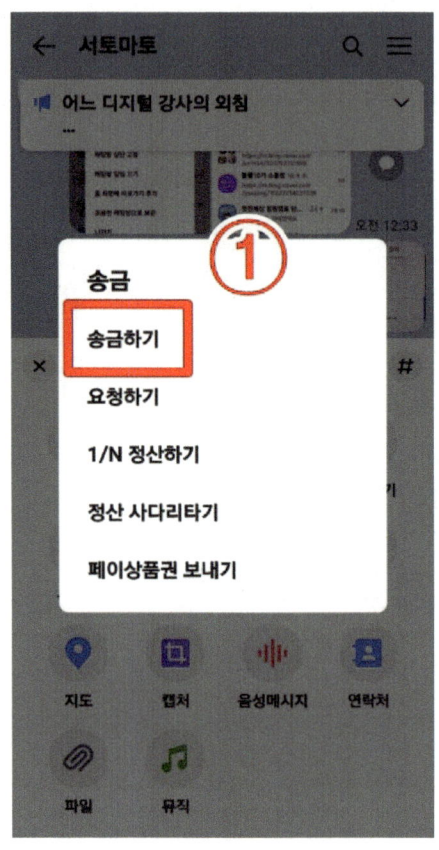

① [송금하기]

① [금액] 입력

② [확인]

카카오 페이 송금 방법 2

① [봉투 고르기]

② [보내기]

① [봉투] 선택

② [봉투에 담기]

5장 카카오톡 제대로 활용하기

카카오 페이 송금 방법 2

① [보내기]

① [카카오페이 비밀번호 6자리] 입력

카카오 페이 송금 방법 2

[송금완료]

① [확인]

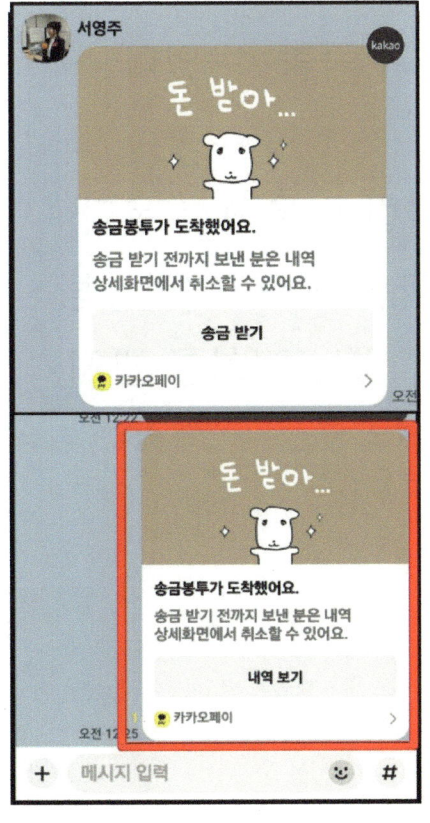

봉투에 담긴 돈 보내기 완료

[카톡 메시지]

봉투에 담으면 송금액이 보이지 않고 봉투에 담지 않으면 송금액이 보임

5장 카카오톡 제대로 활용하기

카카오 Pay 마케팅 수신 동의 해제하기

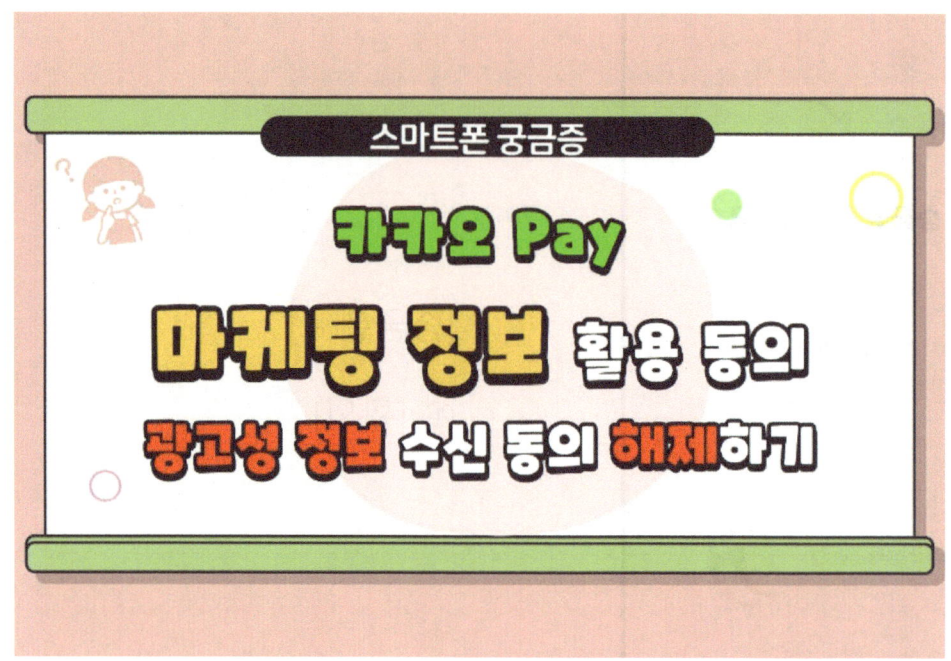

카카오 페이에 가입하다 보면 자신도 모르게 마케팅 정보 활용 동의와 광고성 정보 수신 동의를 수락할 수 있다.

광고성 전화가 많이 오는 경우는 다 이런 이유에서 온다. 모르고 했는지 안 했는지 모를 경우, 확인 해보고 [마케팅 정보 활용 동의 해제하기]를 눌러 원치 않는 전화를 받지 않도록 한다.

카카오 Pay 광고성 정보 수신 동의 해제하기

[카카오톡]

① [더보기] 3선

② [Pay]

① [설정] 터치

카카오 Pay 마케팅 수신 동의 해제하기

① [알림]

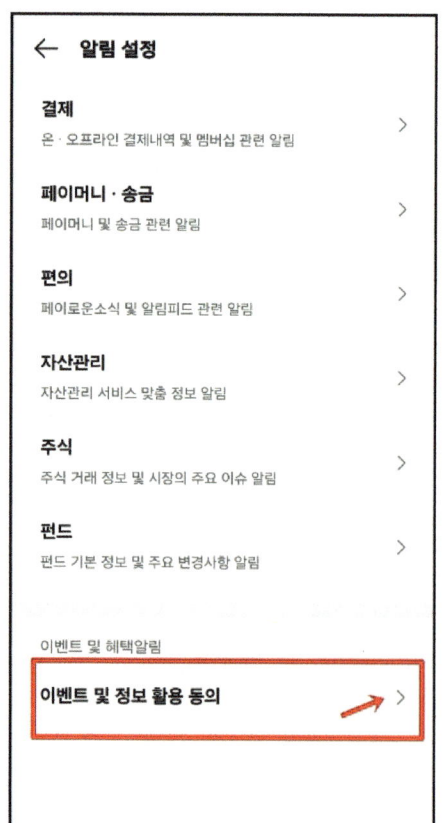

① [이벤트 및 정보 활용 동의] 터치

카카오 Pay 마케팅 수신 동의 해제하기

① [광고성 정보 수신 동의] 터치

① [동의 해제하기] 터치

카카오 Pay 마케팅 수신 동의 해제하기

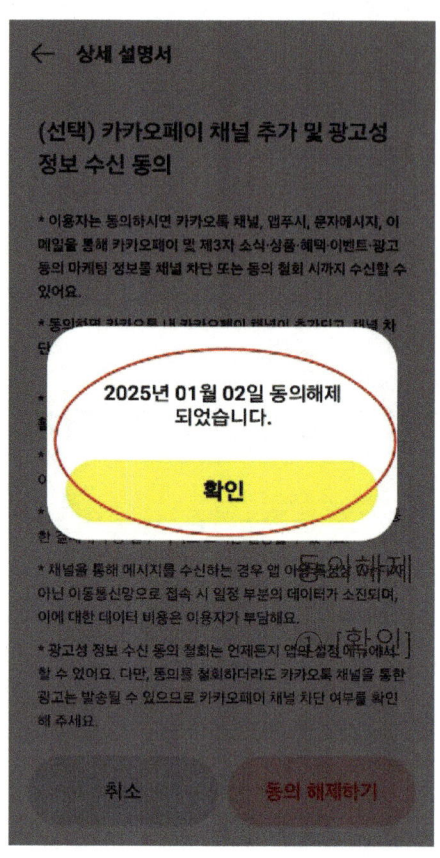

① 광고성 정보 수신 동의 [철회함]으로 되어있음

② [마케팅 정보 활용동의] 터치

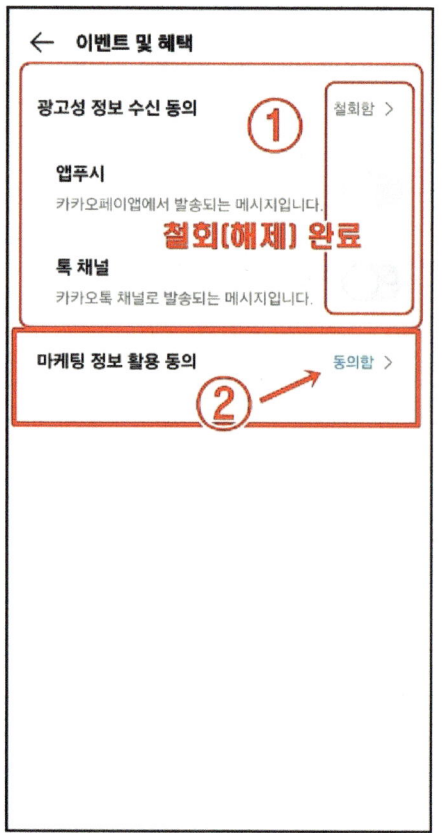

카카오 Pay 마케팅 수신 동의 해제하기

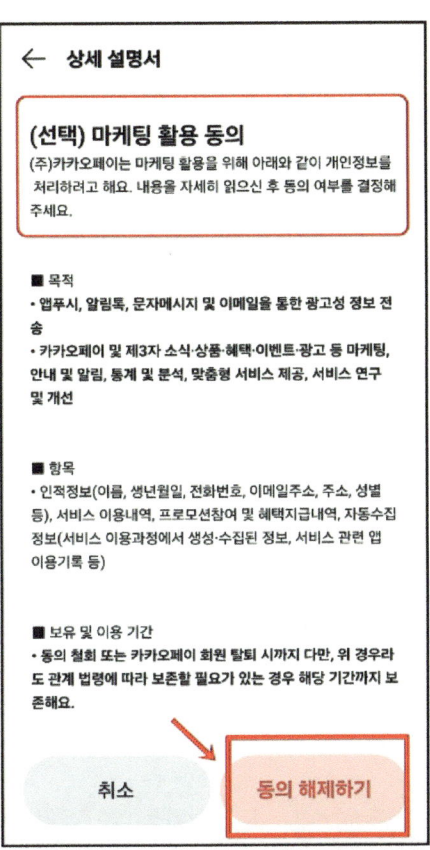

① (선택 사항) 마케팅 활용 동의

[동이 해제하기]

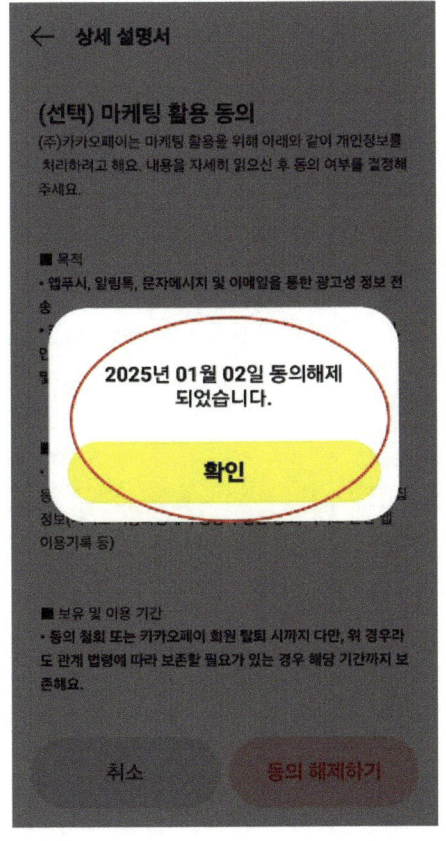

① [동의해제] 완료

5장 카카오톡 제대로 활용하기

카카오 Pay 마케팅 수신 동의 해제하기

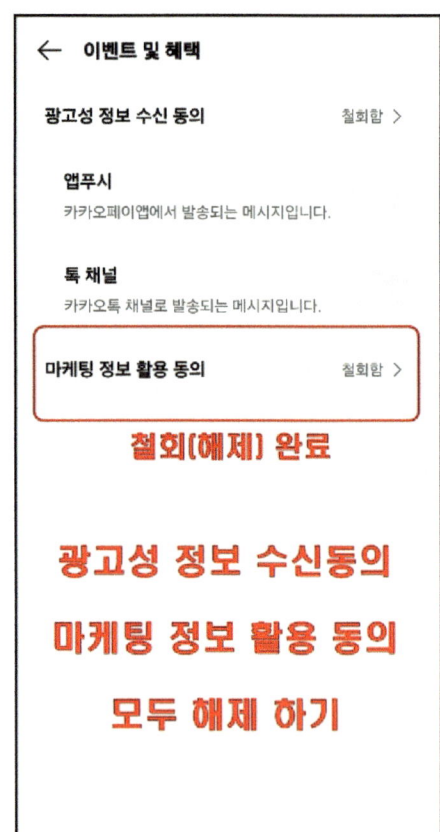

① [마케팅 정보 활용 동의] 철회 해제 완료

카카오톡에서 광고 전화 차단하기

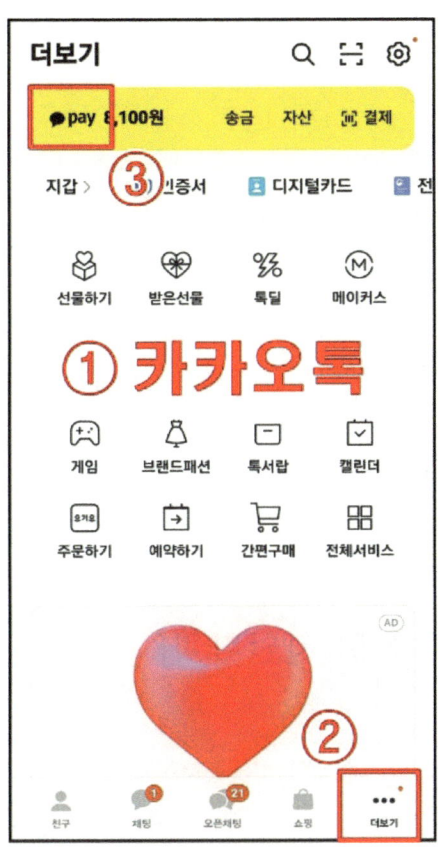

① [카카오톡]

② [더보기] 3선

③ [Pay]

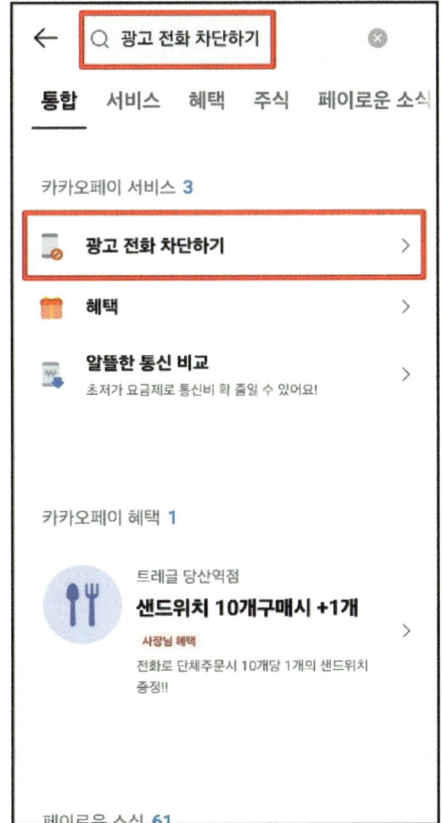

찾는 방법 1

① [광고 전화 차단하기] 검색창에 입력

② [광고 전화 차단하기] 선택

카카오톡에서 광고 전화 차단하기

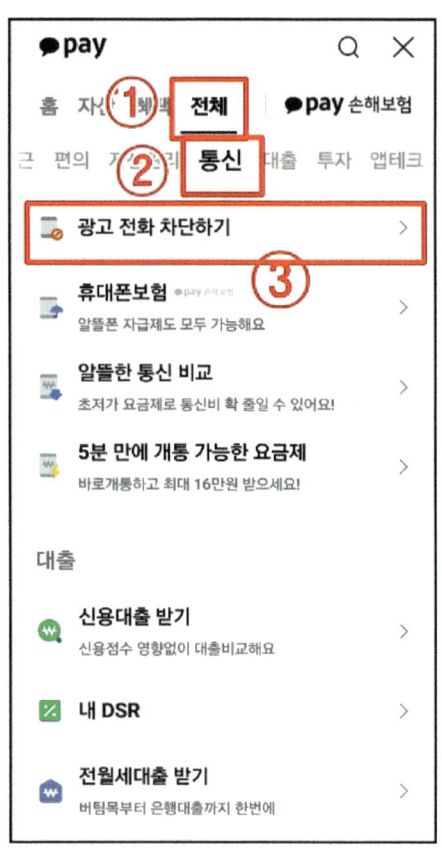

찾는 방법 2

① [전체]

② [통신]

③ [광고 전화 차단하기]

① [광고 전화 차단하기] 선택

카카오톡에서 광고 전화 차단하기

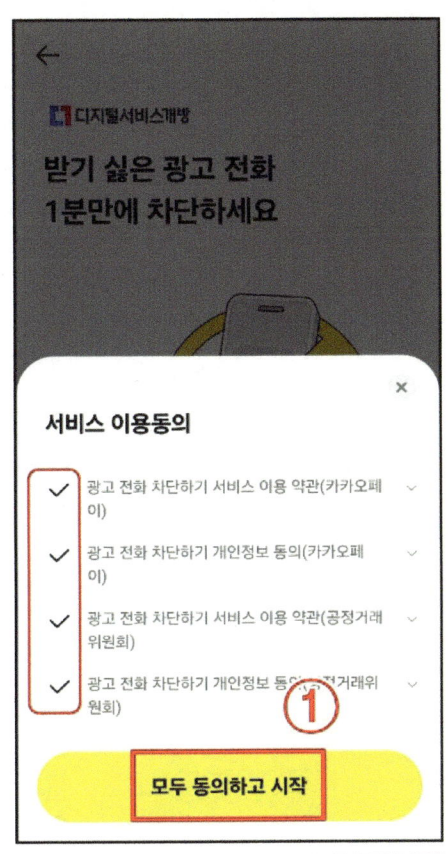

① [모두 동의하고 시작]

광고 전화 차단하기 완료

① [친구에게 알려주기] 가능

5장 카카오톡 제대로 활용하기

똑똑한 스마트폰 AI 활용

똑똑한 스마트폰 활용

1. '빅스비'에게 물어보기

2. 사진 고품질로 리마스터 하기

3. AI 지우개

4. AI 그림 그리기

빅스비 활용하기 - 설정

① [설정]으로 들어 감

② [검색] 돋보기 터치

③ [빅스비]

① [빅스비] 검색해서

② [빅스비] 선택

빅스비 설정하기

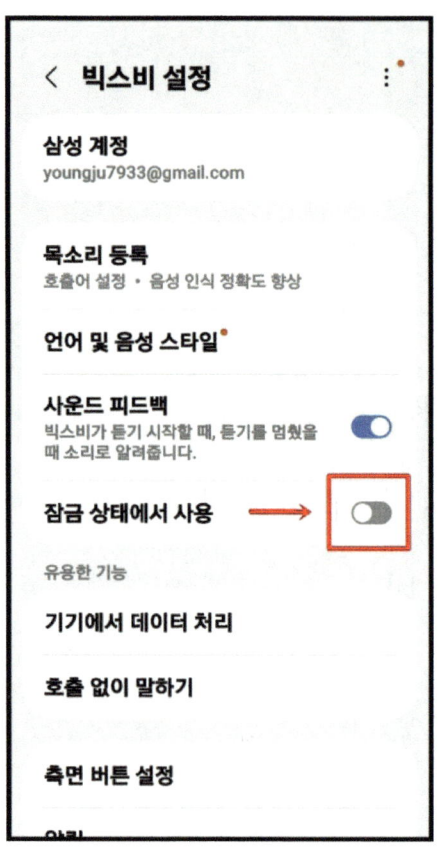

① [잠금 상태에서 사용] ON

터치

① [사용 중] ON

② [내 정보 표시 허용]

선택사항: 스마트 홈 제어도

가능

빅스비 사용하기

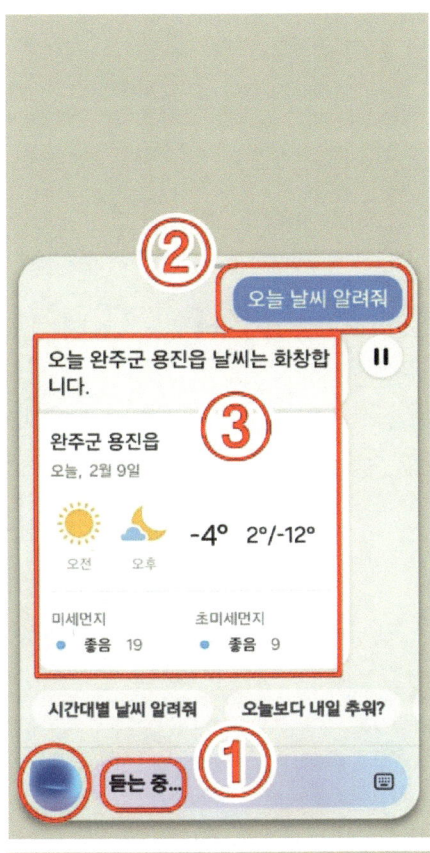

① [하이 빅스비]라고 말하면 '띵'하는 소리와 함께 듣고 있음

② [오늘 날씨 알려줘]라고 말하기

③ [오늘 날씨는 화창합니다....] 현재 위치한 지역의 날씨 알려줌

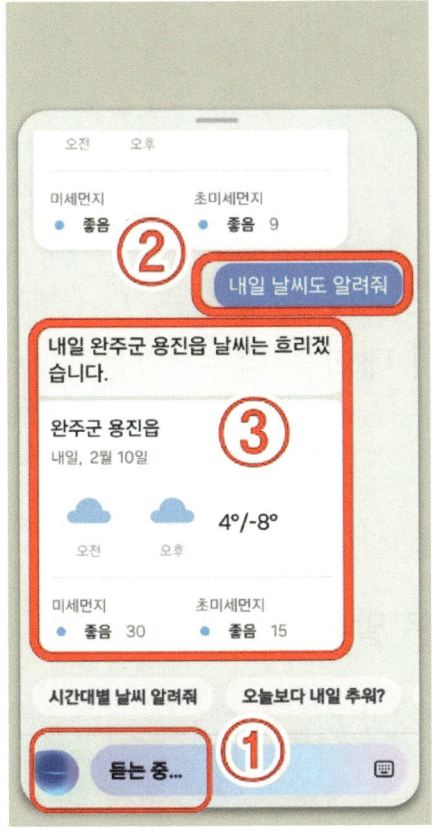

① 빅스비가 계속 듣고 있음

② [내일 날씨도 알려줘] 내일 날씨를 말해줌

빅스비 사용하기

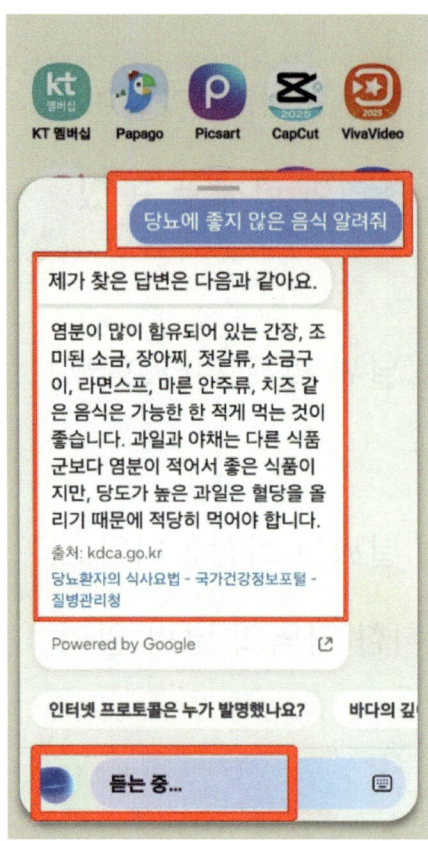

① [하이 빅스비]

② [당뇨에 좋지 않은 음식 알려줘]

③ [제가 찾은 답변은....]

빅스비한테 물어볼 때는 사람한테 말하듯이 대화를 할 수 있음

빅스비는 명령만 내리면 알려주는 인공지능 서비스로 옛날 어느 마법사의 주문에서 따왔다고 한다. 무엇이든 말하는 대로 이뤄지는 마법의 주문, 그게 '빅스비' 였다.

빅스비 사용하기

① [하이 빅스비]

② [겨울에 갈만한 곳 5곳 네이버에서 검색해줘]

어느 플랫폼에서 검색할지를 지정할 수 있음

명령한 대로 네이버에서 검색한 정보를 보여줌

빅스비 사용하기

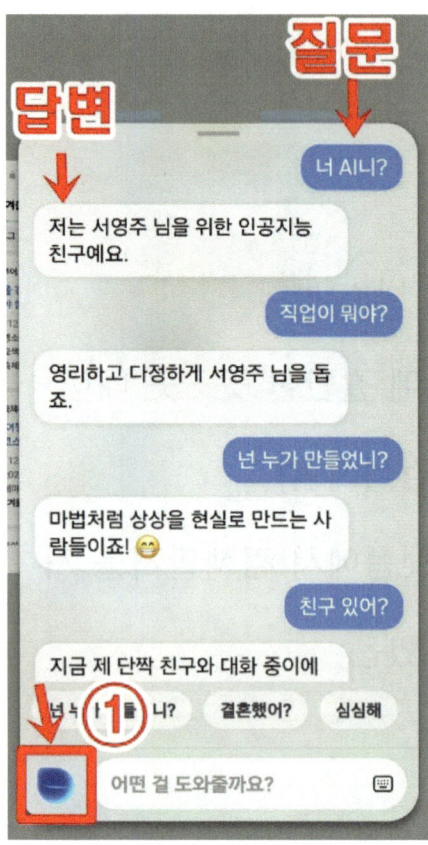

① [누르고 말하기]

우리는 빅스비를 이용해 일상 생활을 더욱 편리하게 만들 수 있다. 쇼핑이나 예약, 정보 검색 등을 빅스비로 쉽게 찾을 수 있다.

예를 들어 [삼다수 쿠팡에서 검색해줘]라고 명령하면 바로 검색해서 찾아 준다.

이제는 눈이 안 보인다고 글씨 쓰기 어렵다고 걱정할 필요가 없다.

카톡 사진 고품질로 리마스터 하기

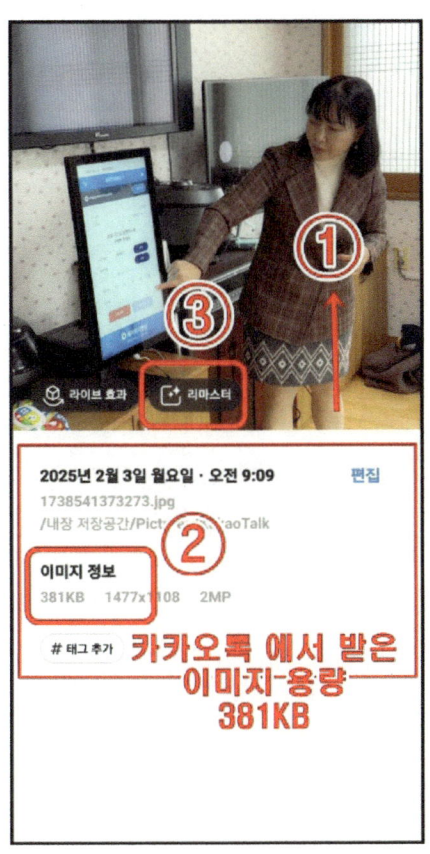

① 카톡에서 받은 사진을 위로 스와이프(밀어올리기) 하기

② [용량 확인 하기]

③ [리마스터] 터치

자동으로 사진 리마스터

카톡 사진 고품질로 리마스터 하기

① 왼쪽 [원본]과 오른쪽 [리마스터] 비교 확인하고 [저장] 하면 완료

저장된 사진 확인

이미지 해상도가 높아짐

383KB => 2.58MB

AI 지우개 – 빛 반사 지우기

① 코팅된 용지나 모니터를 사진 찍으면 빛 반사 모습이 보임

② [편집] 연필모양 터치

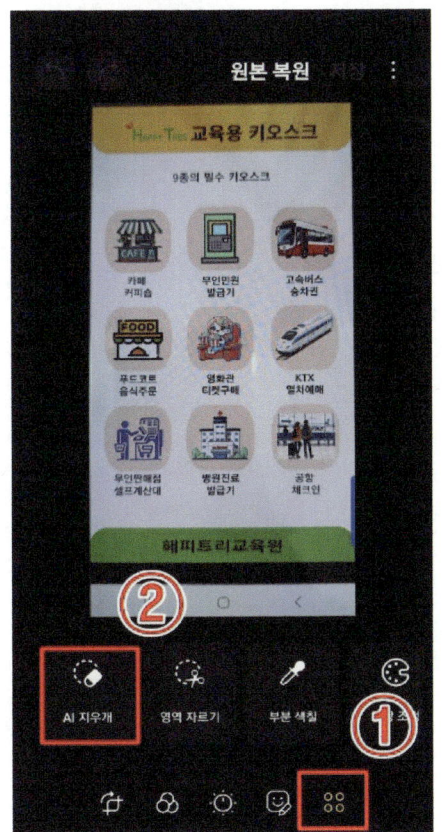

① [AI 편집 도구] 터치

② [AI 지우개] 터치

AI 지우개 – 빛 반사 지우기

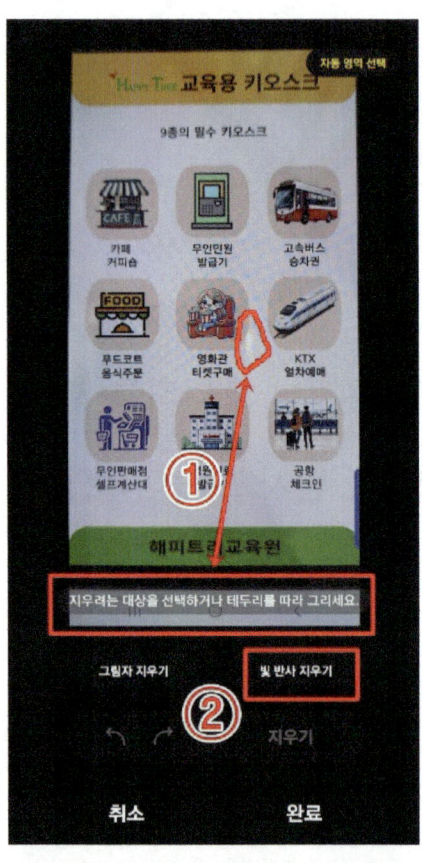

① 지우려는 대상을 손가락 또는 펜을 이용해서 주변 그리기

② [빛 반사 지우기]

자동으로 지워 짐

① [완료]

AI 지우개 – 빛 반사 지우기

① [저장]

갤러리에 깨끗한 사진으로 저장되어 있음

AI 지우개 – 그림자(사물) 지우기

① 지우려는 대상 확인

② [편집] 연필모양 터치

③ [AI 편집 도구]

④ [AI 지우개]

① [지우려는 대상 그리기]

② [지우기]

AI 지우개 – 그림자(사물) 지우기

① [대상 그리기]

② [지우기]

③ [완료]

④ [저장]

같은 방법으로 여러 개 지울 수 있음

상단에 있는 사진이 원본

하단에 있는 사진이 수정본

AI 그림 그리기 어시스트 - 설정

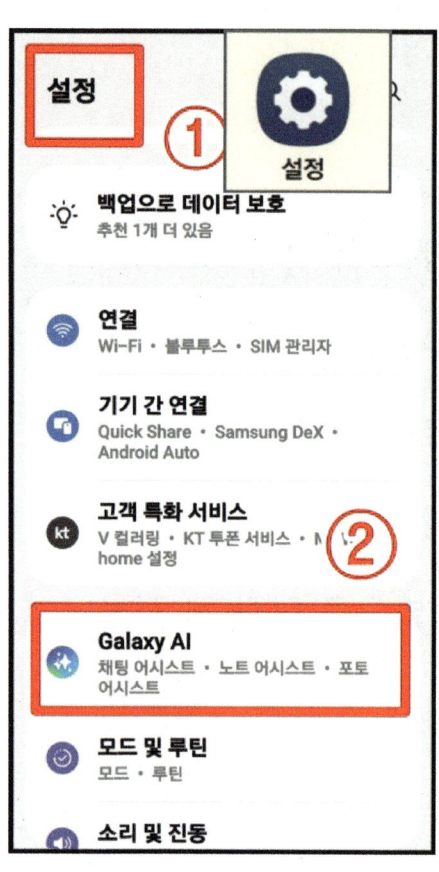

① [설정]

② [Galaxy AI]

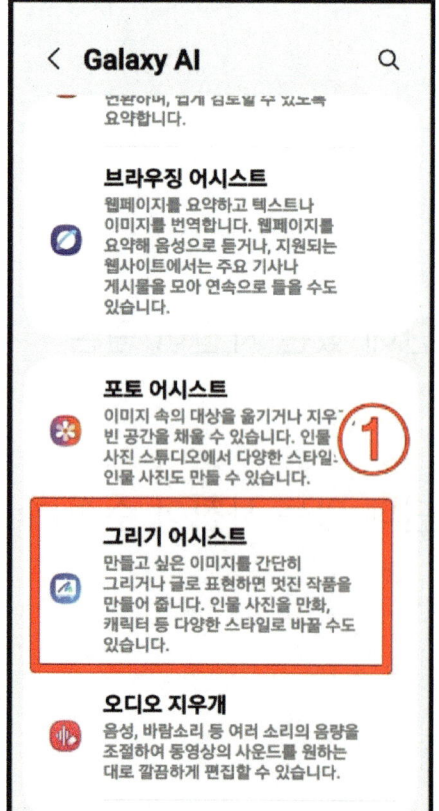

① [그리기 어시스트]

AI 그림 그리기 어시스트

① [사용 중] ON

② 내 그림 반영 정도

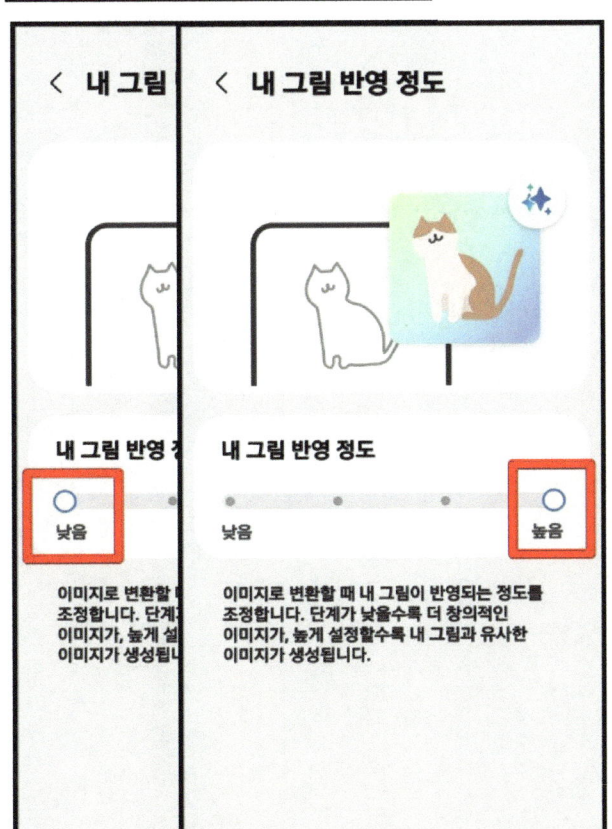

① [낮음]과 [높음]

낮음으로 놓으면 창의적인 이미지가 높게 나오고 높음으로 놓으면 내 그림과 유사하게 생성됨

AI 그림 그리기 어시스트

① [Edge패널] 열기(에지 패널)

에지(Edge)패널이 없으면 [설정]에서 열어주기

방법: 설정-디스플레이 – 에지(Edge)패널 ON – 패널 선택(애플리케이션)

① [AI]

AI 그림 그리기 어시스트

① [개인정보 수집 및 이용] 선택

② [동의]

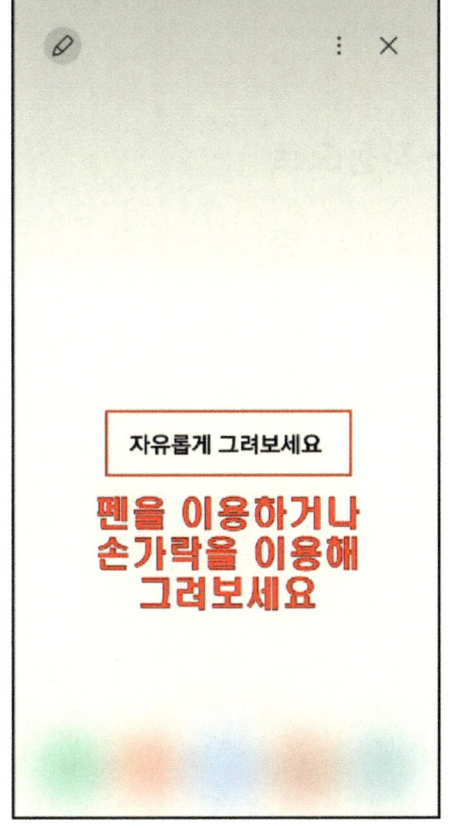

화면에 펜을 이용해서 아무거나 그려 보세요

6장 똑똑한 스마트폰 AI 활용

AI 그림 그리기 어시스트

① 그림 그리기

② [팝아트] 선택 안해도 됨

③ [생성]

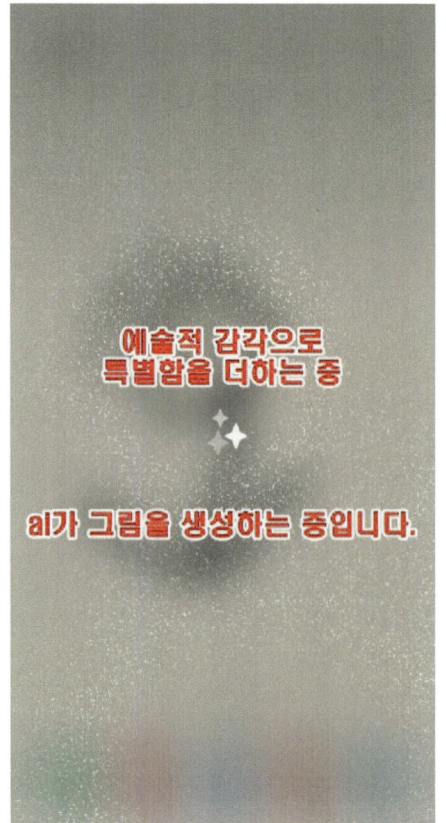

① AI가 자동으로

그림을 그리는 중]

AI 그림 그리기 어시스트

① [수채화]

② [일러스트]

③ [스케치]

④ [팝아트]

4가지 그림을 얻을 수 있음

AI 그림 그리기 어시스트

① [더보기] 점 3개 터치

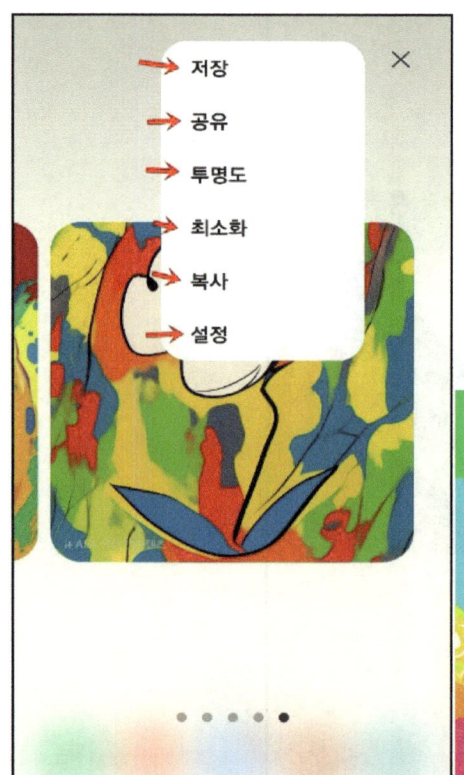

저장, 공유, 복사 등

선택할 수 있음

완성본

AI 그림 그리기 어시스트

아무거나 그려보자

① [그리기]

② [생성]

그림을 못 그리는 사람들에게

좋은 앱

AI에게 물어봐(뤼튼)

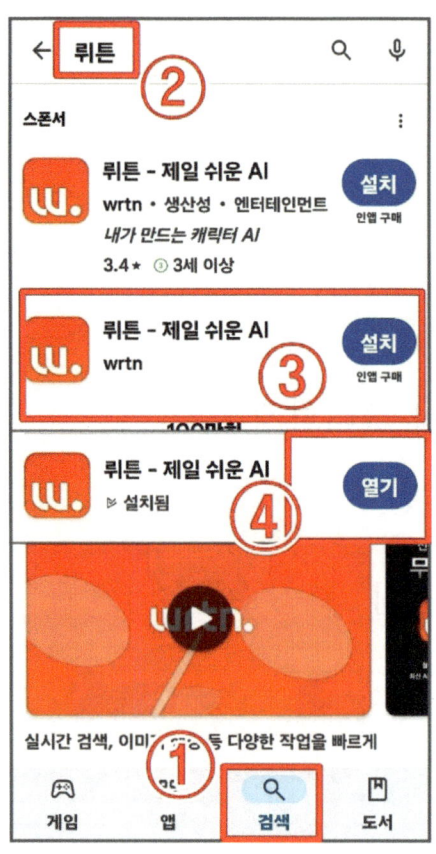

① Play 스토어 [검색]

② [뤼튼]

③ [설치]

④ [열기]

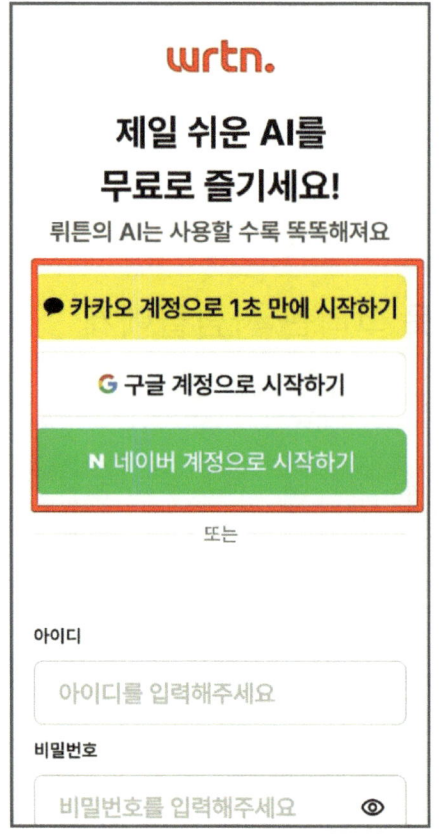

① [소셜 계정으로 가입하기]

자주 사용하는 SNS로 가입(카카오톡)

AI에게 물어봐(뤼튼)

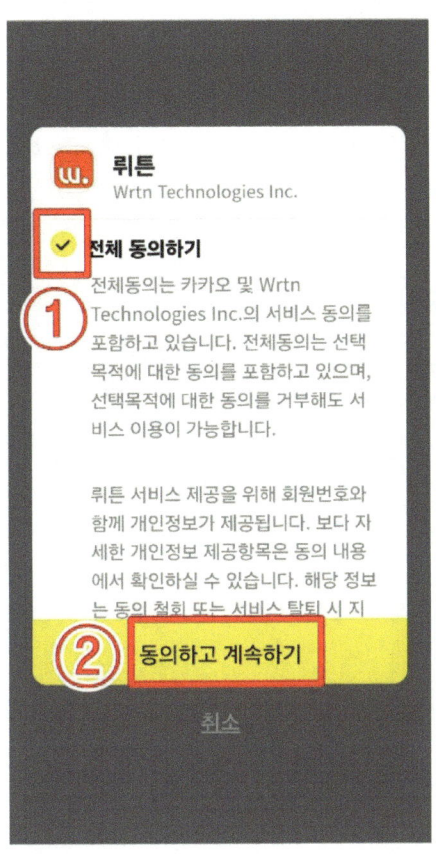

① [약관 전체 동의]

② [동의하고 계속하기]

① [필수 항목 동의하기]

선택사항은 빼도 됨

② [가입완료]

AI에게 물어봐(뤼튼)

① [허용 안함] 눌러도 됨

자주 사용하고 알고 싶은 앱이라면 허용해도 됨

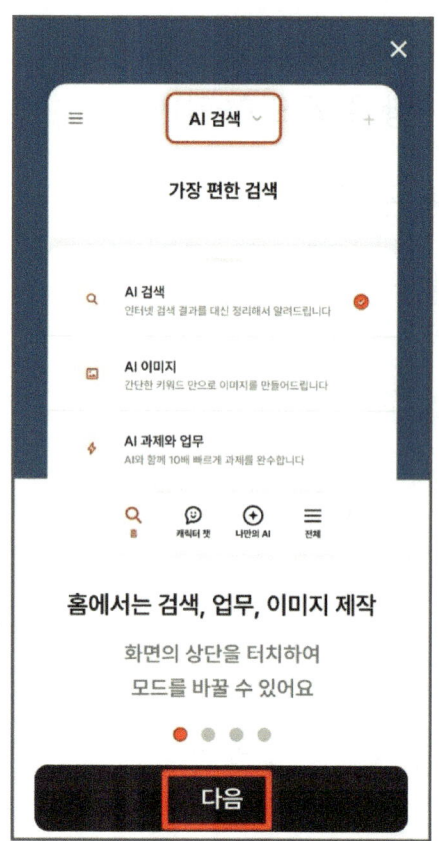

① [다음] 터치해도 되고

좌측으로 스와이프해도 됨

AI에게 물어봐(뤼튼)

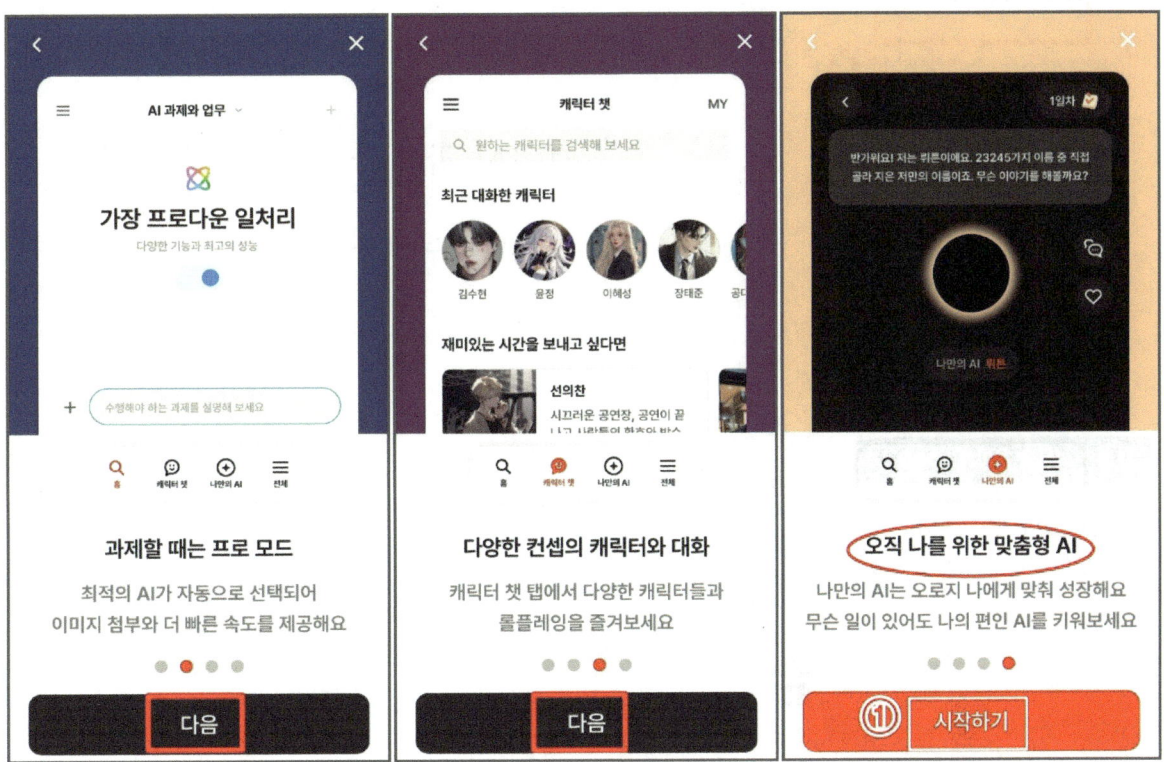

① [다음] [다음] 누른 다음 [시작하기]

AI에게 물어봐(뤼튼)

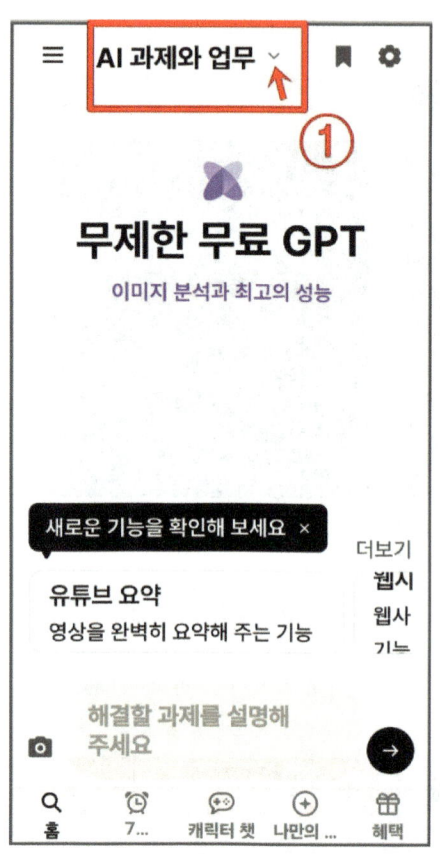

① [AI 과제와 업무] 커서를 눌러서 메뉴 바꿔 줌

① [AI 검색]으로 답변 메뉴를 바꿔 줌

AI에게 물어봐 (뤼튼)

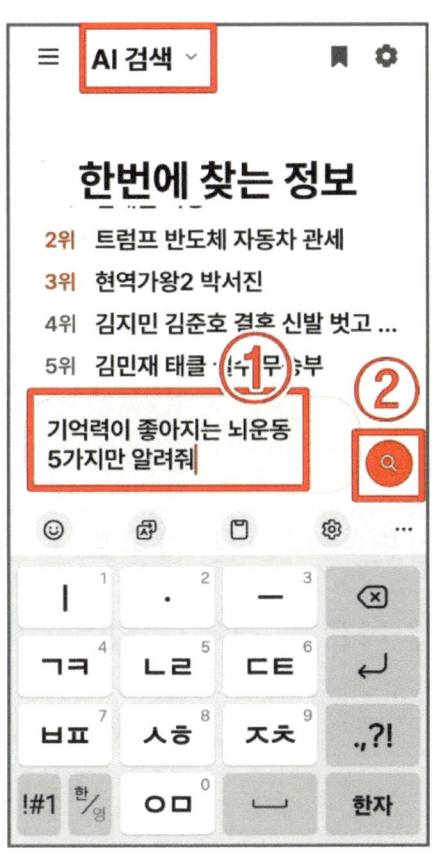

① [질문하기]

② [검색] 돋보기 터치하기

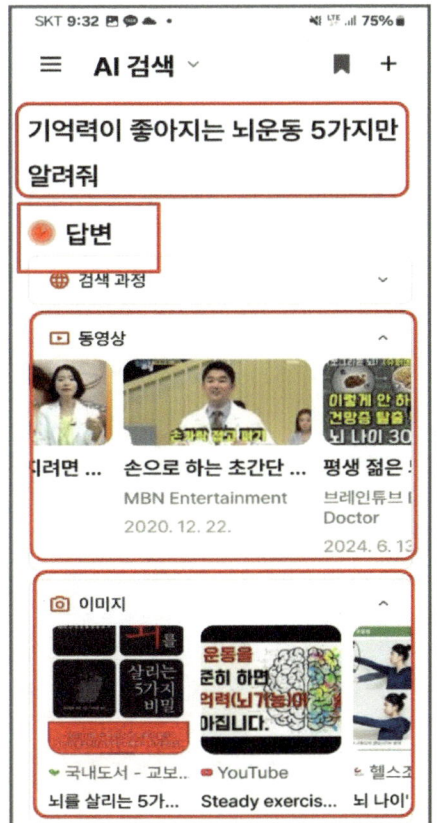

① [질문에 대한 답변]

완료

6장 똑똑한 스마트폰 AI 활용

AI에게 물어봐(뤼튼)

검색결과 나옴

다양한 답변이 나오는 경우도 있고 짧게 나오는 경우도 있음

① [추천 질문 선택]

AI에게 물어봐(뤼튼)

사람들이 많이 질문하는 추천 질문이 내 생각과 같은 질문이면 선택해서 더 정보를 얻을 수 있음

도움되는 정보를 알려주는 AI 뤼튼

AI에게 물어봐(뤼튼)

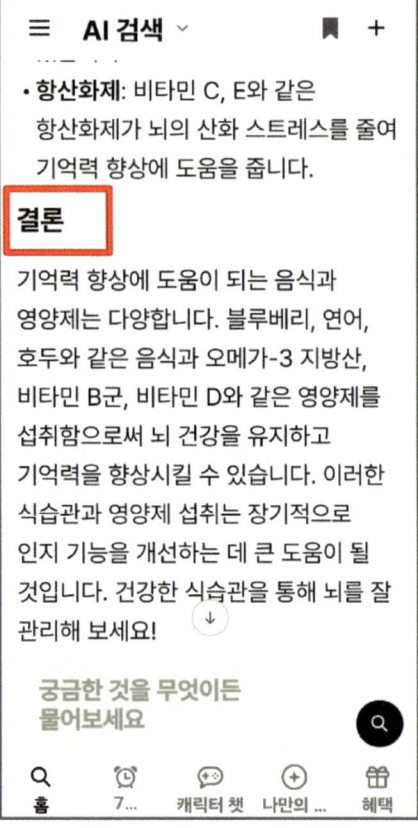

결론까지 답을 주니까 정보도 알게 되고 일상 생활에 도움이 됨

① [또다른 질문]
② [검색]

AI에게 물어봐(뤼튼)

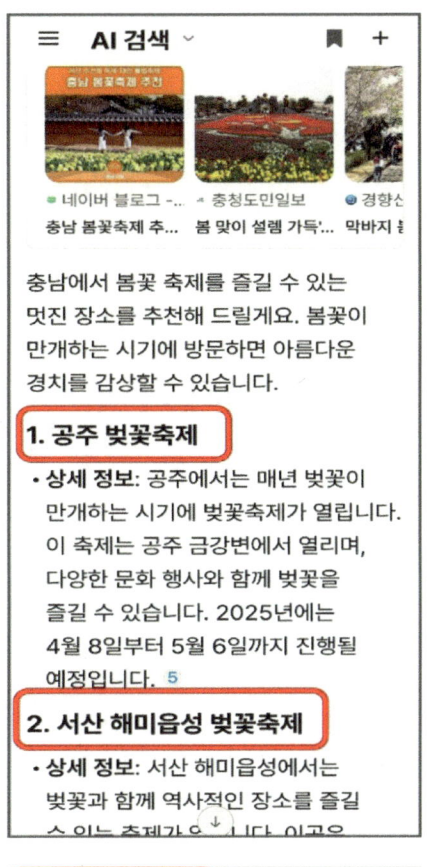

충남 봄꽃 축제 가볼 만한 3곳

찾아 줌

6장 똑똑한 스마트폰 AI 활용

AI에게 물어봐(뤼튼)

AI 검색에서 [AI 이미지로]

바꿔 줌

① [AI 이미지] 변경

② [말로 검색어] 입력

③ [검색]

AI에게 물어봐(뤼튼)

수선화가 예쁘게 피어 있는 봄 축제장 그려줘 답변 이미지

① [더보기] 3선

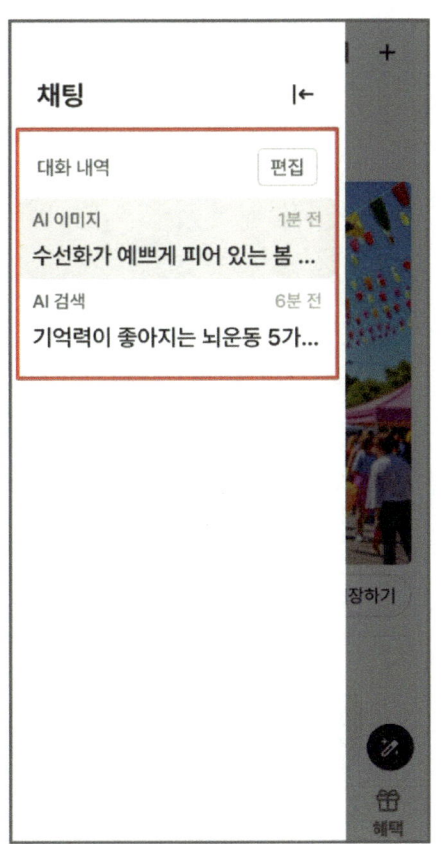

[채팅 내역]에 내 질문 내역이 모두 있으니 다시 보기 가능

7장

보이스피싱, 스미싱, 피싱 예방

보이스피싱, 스미싱

더이상 속지 마세요.

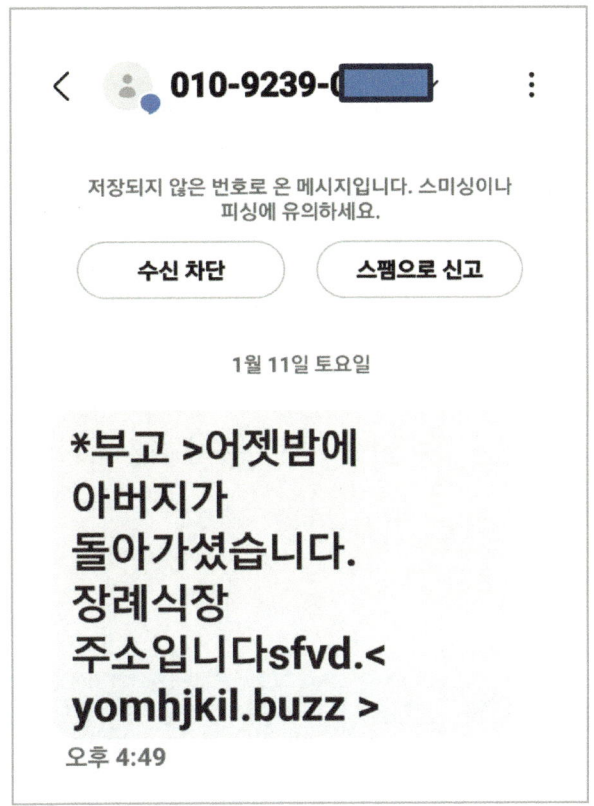

1. 피싱이란?

2. 피싱의 종류

3. 보이스피싱 종류와 사례

4. 스미싱 사례 & 대응 방법

5. 보이스피싱 피해 시 대처 방법

6. 보이스피싱 피해 예방 십계명

피싱이란?

Phishing(피싱)

개인정보(Private data) + 낚시(Fishing)

전자 우편이나 메신저를 사용해서 믿을 만한 사람이나 기업이 보낸 것처럼 가장하여, 비밀번호나 신용 카드 정보, 인증 정보, 계좌 정보 등을 빼내서 불법적으로 이용하는 사기 수법을 말한다.

피싱의 종류

1) **보이스피싱**: 전화를 통해 신용카드, 계좌 등의 개인 정보를 알아낸 뒤 범죄에 이용하거나 비밀번호를 알아내 금융 탈취하는 **전화금융사기** 수법을 말한다.

2) **스미싱**: 스미싱(Smishing)은 'SMS'와 피싱(Phishing)의 합성어로 문자 메시지와 낚시를 뜻하며, 문자 메시지를 통해 개인의 중요한 정보를 탈취하거나, 금전적인 피해를 입히기 위해 이용되는 사기 수법이다.

문자 메시지에 포함된 링크를 클릭해 가짜 사이트나 **악성 앱**을 설치하게 하고, 전화번호를 눌러 전화를 걸면 가짜 기관을 사칭해 개인정보, 금융정보를 탈취하는 방식이다.

보이스피싱 종류 & 사례

가. 기관 사칭:

1) 1577-XXXX, 1588- 등 금융기관 번호로 전화해서 예금 보호 조치 등을 빙자해 **개인정보 요구, 앱 설치 유도한다.**

2) 가짜 112 또는 검찰청 전화번호가 뜨고 사건 연루 사실을 빙자하여 협조 요청한다며 주민등록번호, 계좌번호 요청. 지속적인 전화가 온다.

3) 정부기관: 가짜 국세청, 건강보험, 연금보험 혜택을 빙자하여 개인정보를 빼낸다

나. 가족 사칭:

4) 자녀 사칭: 시끄러운 곳에서 자녀 목소리를 잠깐 들려주고 납치 또는 교통사고 피해자라며 전화해서 현금을 요구한다. 요즘은 진화해서 AI 목소리를 변조해서 진짜 자녀 목소리를 들려준다.

5) 배우자 사칭: 배우자가 사고 또는 납치 되었다고 속여서 송금을 유도한다.

6) 가족 사칭: 새벽에 메신저로 주식 투자때문에 미국이라 시차가 달라 지금 사야 한다고 송금유도 사기 사례가 있다. (실제 7000만원 송금 사례도 있음)

보이스피싱 종류 & 사례

다. 기타 사칭:

7) 대출 빙자: 저신용자에게 현재 대출 먼저 상환하면 추가 대출 해주겠다고 하고 가짜 전화번호 입력한다.

전화 해보면 금융감독원 OOO이라는 멘트 나와서 진짜로 착각하는 경우, 저금리 대출로 갈아타기 해주겠다고 하고 가짜 사이트 유도로 계좌 정보 탈취한다.

이는 앱 설치로 인해 어떤 기관에 전화해도 피싱 사기범에게 전화가 가도록 하는 악성 앱이 있다.

위조한 은행원 신분증, 재직증명서 보내면서 금융거래 정지되었다는 내용으로 소액의 돈을 요구한다.

8) 관계자 사칭: 메신저(카톡)에 관계자 이름이 쓰여 있고 톡이 오는데, 세금(부가가치세, 종합소득세) 납부 요청하며 계좌번호 보내는 경우

9) 이벤트 당첨 빙자: 이벤트에 당첨되어서 해외여행, 자동차 등 고가의 당첨금 수령을 빙자하여 기본 세금 송금 유도

10) 환급금, 정부 보조금 사칭: 국세청, 연금공단 등 기관에서 서민 보조금, 장려금 지급, 환급금 등을 안내하며 개인정보를 요청한다.

스미싱이란?

스미싱(Smishing)은 'SMS'와 피싱(Phishing)의 합성어로 문자 메시지와 낚시를 뜻하며, 문자 메시지를 통해 개인의 중요한 정보를 탈취하거나, 금전적인 피해를 입히기 위해 이용되는 사기 수법이다.

문자 메시지에 포함된 링크를 클릭해 가짜 사이트나 악성앱을 설치하게 하고, 전화번호를 눌러 전화를 걸어 가짜 기관을 사칭해 개인정보, 금융정보를 탈취하는 방식이다.

스미싱 사례

메신저로 가짜 링크로 피싱 사이트 유도, 정보 입력 또는 악성 앱 설치 유도

1) **자녀** 사칭: 엄마 나 휴대폰 잃어버렸어. 여기로 전화 해줘
2) **은행** 사칭: 저금리 대출, 이자 감면 돌려주겠다
3) **택배사** 사칭: 고객님의 택배가 도착 예정입니다. 확인 문자
4) **민원 24**, 동사무소 사칭: 불법 소각, 불법 쓰레기 투하
5) **모바일 결제** 사칭: XX카드 결제 00만원 결제되었습니다.
6) **정부기관** 사칭: 환급 문자, 혜택

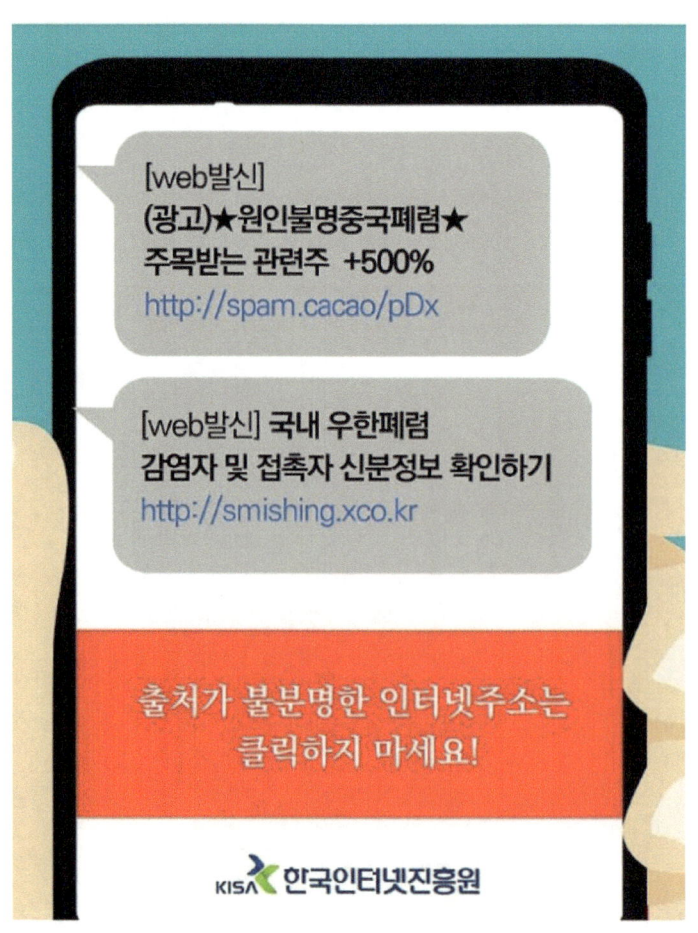

스미싱 사례

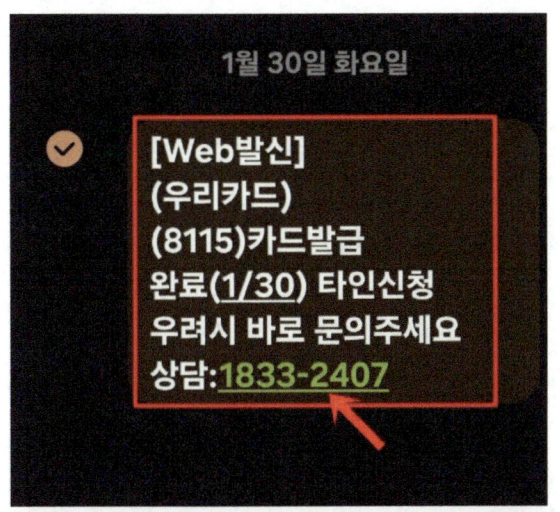

국내는 물론 해외 승인 카드 사용에 대한 문자는 여러 번 자주 옵니다.

카드 발급에 대한 비슷한 문구의 메시지에도 주의해주세요.

당황해서 위에 보이는 카드사가 진짜로 착각하고 전화를 거는 경우가 있는데 통화하면 안 됩니다.

보낸 카드사 전화번호가 상이하고 [국제발신] [국외발신]으로 쓰여 있으니 의심하고 수신 차단 또는 스팸으로 신고하세요.

스미싱 사례

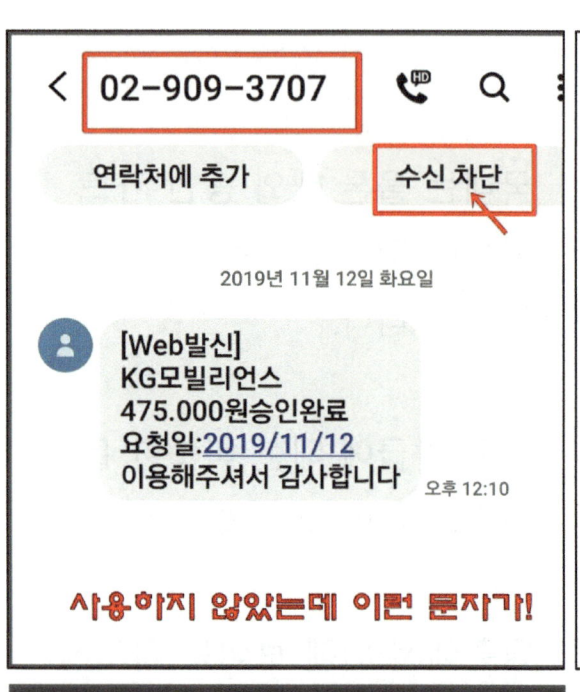
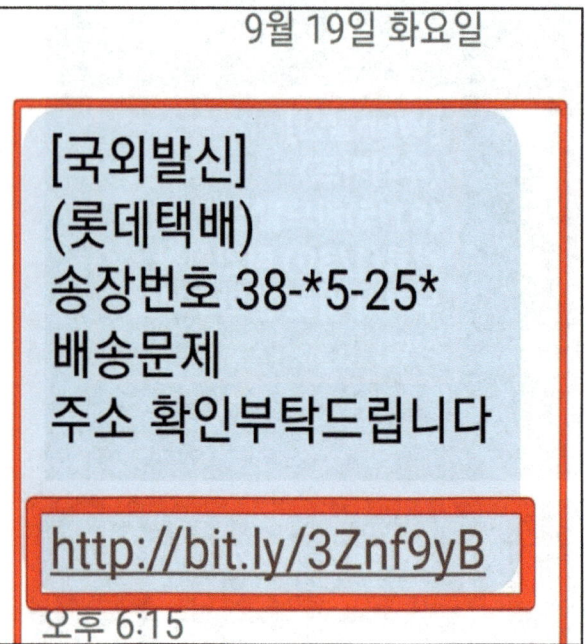
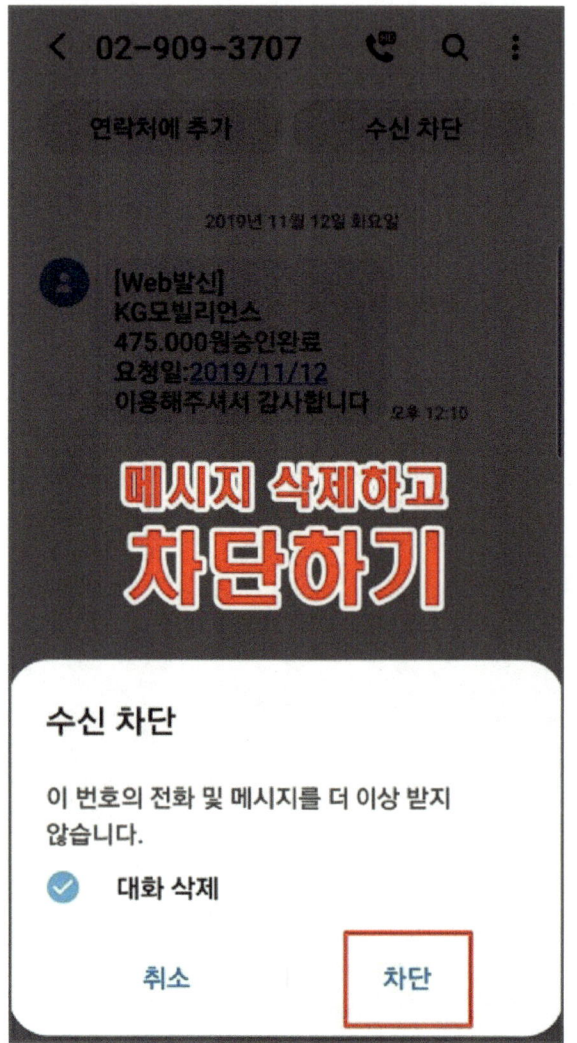

스팸으로 의심되는 문자
수신 차단하기

스미싱 사례

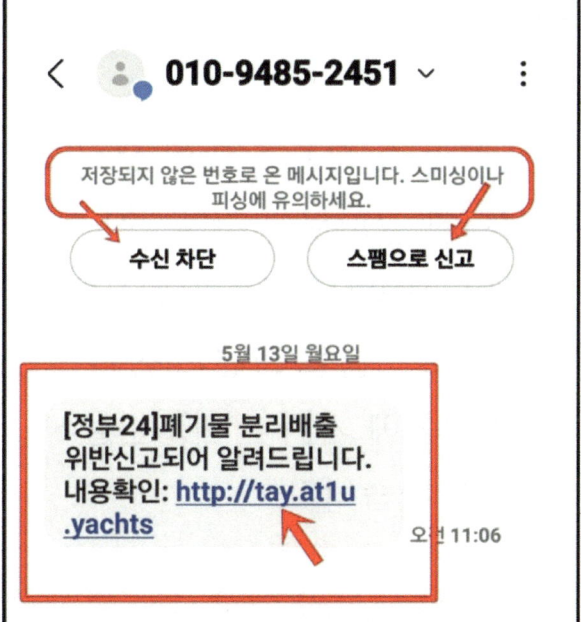

쓰레기 무단 투기, 불법 소각, 폐기물 분리 배출에 대한 과태고, 위반 신고 민원 등 다양한 형태로 문자가 옵니다.

저장되지 않은 번호로 온 메시지는 스미싱 피싱이니 유의하셔야합니다.

※ 링크를 열지 않도록 주의합시다.

스미싱 사례

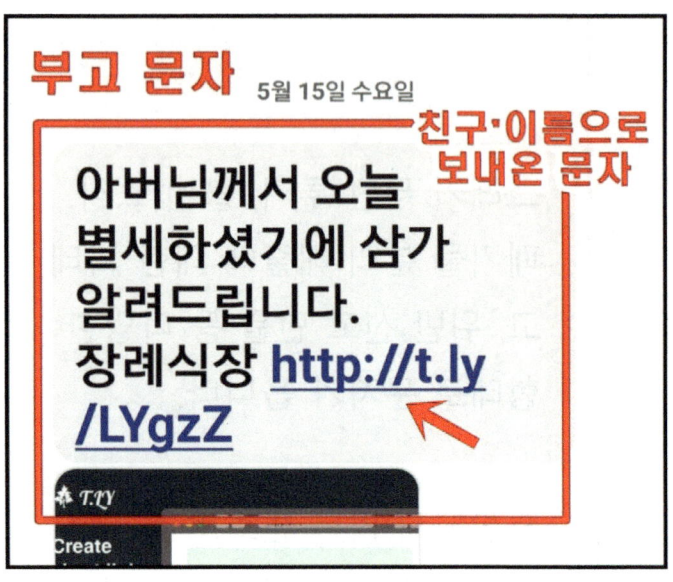

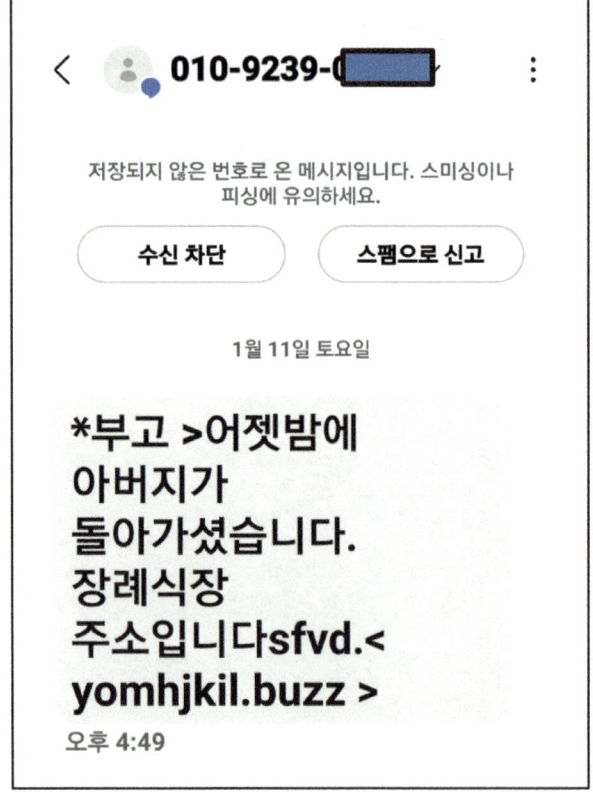

요즘 부고 문자가 많이 옵니다. 자세히 살펴보면 장례식장, 상주명, 사망시간 등이 없으며, 사이트 이름을 보면 조잡한 url 이름에 가짜 사이트임을 알 수 있습니다.

※ 링크를 열지 않도록 주의합시다.

스미싱 사례

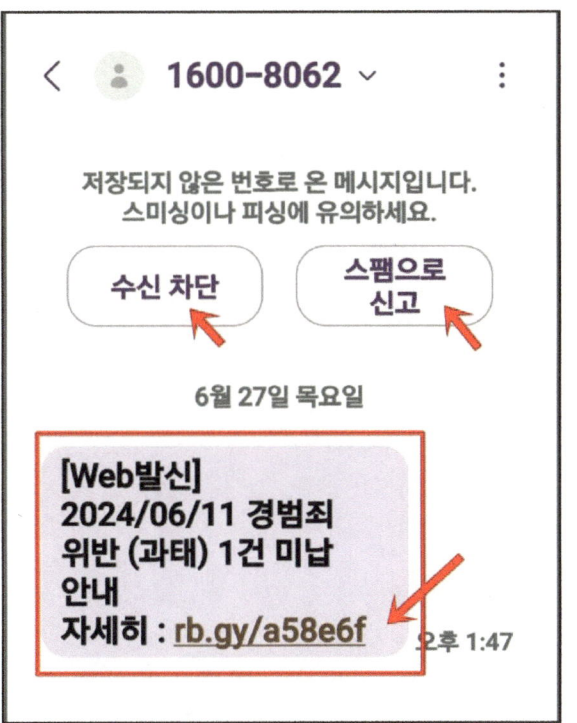
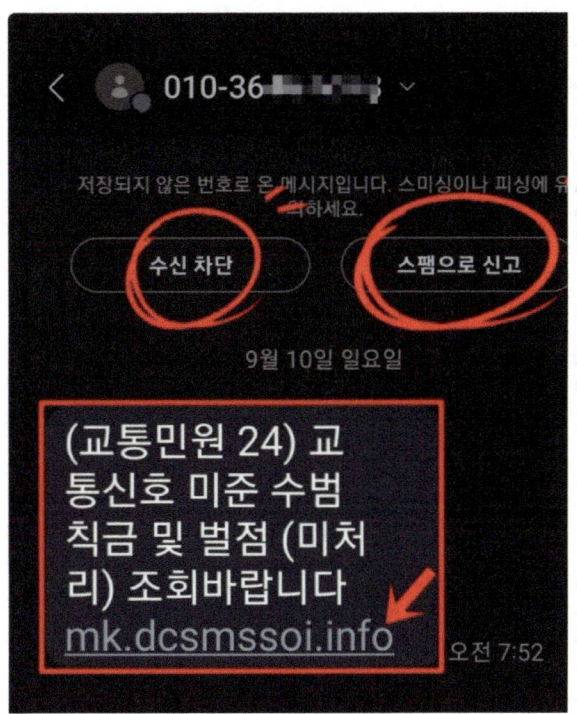

범죄에 연루되었다는 문자 메시지와 과태료 범칙금, 벌점 등의 처음 연락을 받았을 때는 당황해서 이게 무슨 말도 안되는 일인가 싶어 당황해서 전화를 걸어보게 됩니다.

일단 침착하게 생각하고 의심하고 스팸으로 신고해주세요.

스미싱 사례

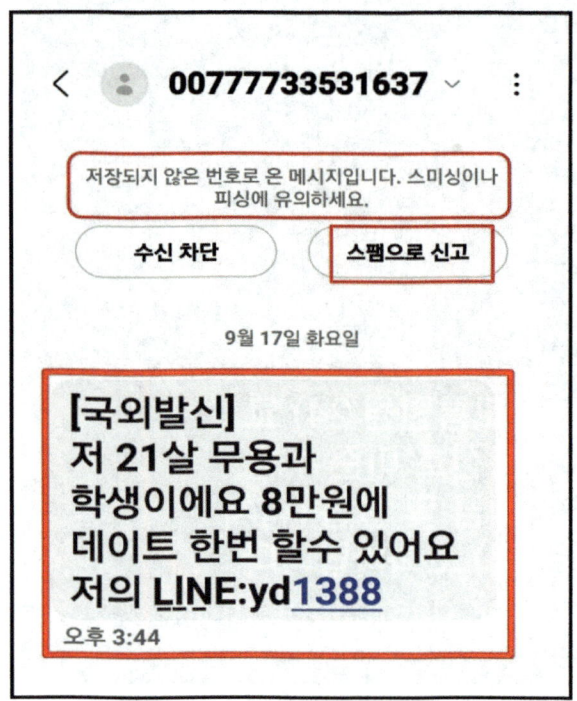

이상 야릇한 스팸 메시지도 많이 받을 수 있습니다.
[국외발신] 메시지, 영상 등은 절대로 열지 마시고 스팸으로 신고 부탁드립니다.

혹시 잘 못 눌러질 경우가 있으니, 보이는 즉시 [스팸으로 신고], [수신차단]이 답입니다.

피싱으로부터 안전한 세상이 되도록 주의합시다.

보안 위험 자동 차단

[부고, 쓰레기 폐기물 불법 투기 위반 신고 등 문자 스미싱 앱 차단하는 방법] 갤럭시 스마트폰 기준

1. 설정
2. 보안 및 개인정보 보호
3. 보안 위험 자동 차단
4. 사용안함을 사용함으로 변경
5. 메시지 앱 보호 on

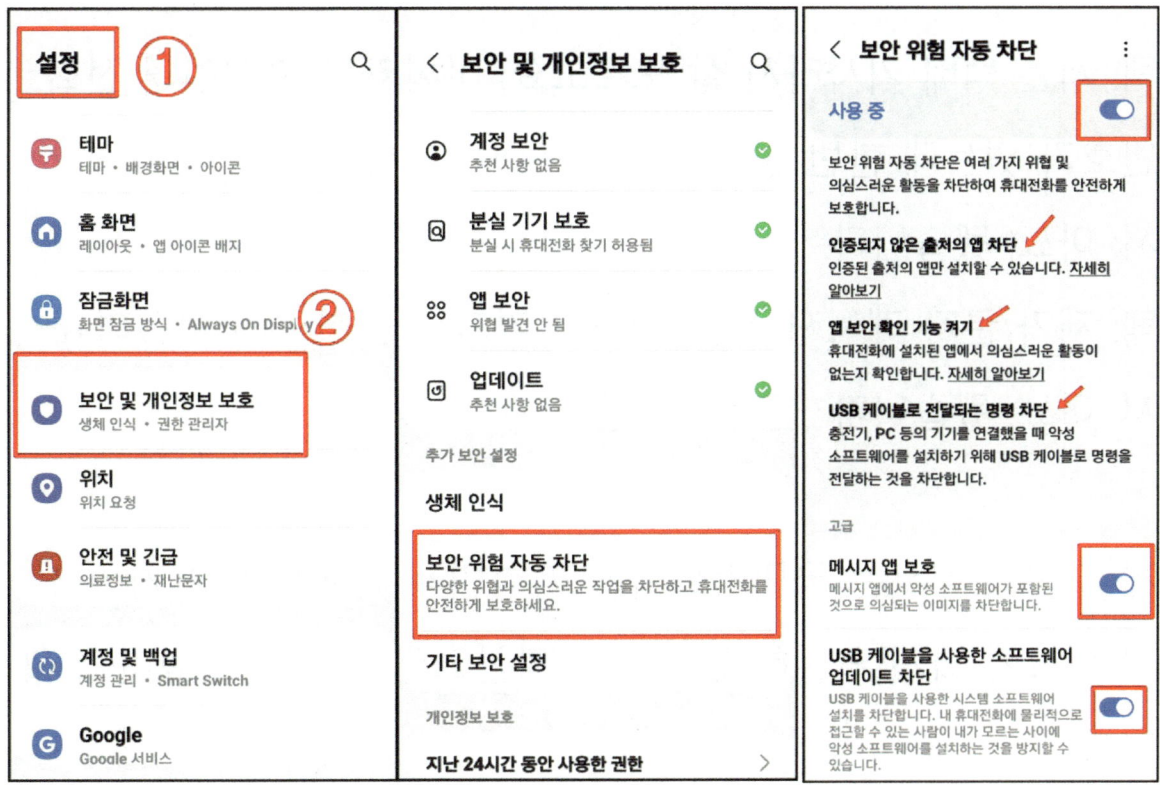

7장 보이스피싱, 스미싱, 피싱 예방

보이스피싱과 스미싱 결합 사례

실제 사례 :

택: 여보세요. 거기 서영주씨 맞나요?

서: 네, 맞습니다.

택: 비씨 카드가 왔는데 댁에 계신가요?

서: 네, 집에 있습니다.(실제로 카드를 신청했거든요.)

택: 그럼, 지금 올라가도 될까요?

서: 네, 올라오세요.

택: 거기 그린아파트 101호 맞지요?

서: 아뇨. 저는 그린아파트가 아닌데요?

　(아, 여기서 저는 뭔가 이상하다는 생각이 들었어요.)

택: 저는 택배 기사라서 잘 모르고요. 비씨카드 고객센터 전화번호가 있는데 한번 전화해 보시겠어요?

서: 아뇨, 됐습니다.

택: 제가 문자 메시지 전달 할테니 거기로 전화 해보시겠어요?

서: 아뇨. 됐습니다. 전화 끊었음

제 지인의 경우는 국민카드사라고 하면서 전화번호와 앱 설치된 링크가 와서 확인해 봤더니 스팸신고된 전화 번호였다고 합니다.

신종 피싱 사례

택배 도착 알림 문자가 와서 문을 열어보니 현관 앞에 택배 상자가 와 있었다고 합니다. 자기 이름도 맞고 보낸 사람은 모르는 사람이라서 택배사 직원 한테 전화를 걸었다고 합니다. 택배사 직원은 자기는 모르겠고 본사 예약 링크를 줄테니 앱 설치 후에 알아보라고 하였답니다.

여기서 잠깐!
택배사 직원은 가짜이고 자기네들이 그냥 가져다 놓은 택배 상자라고 합니다. 메시지로 온 링크는 열지 말고 차단해야 됩니다. 어르신들에게는 자신이 직접 설치해 주겠다고 하는데 이 또한 **사기**입니다.
앱을 설치하면 어떤 현상이 벌어지는지 궁금해 하시는 분들이 계십니다. 어떤 앱을 설치 하느냐에 따라 다르지만 내 폰에 있는 **중요 정보를 모두 해킹**하는 프로그램도 있고, 기관 사칭의 경우에는 악성 앱을 설치하면 해당 기관에 **전화를 걸면 모두 피싱 집단 사무실로 연결**되어 있어 사기 집단 직원이 전화를 받습니다.

모르는 택배뿐만 아니라, 카드 배송, 퀵 배송, 이벤트 당첨 선물 배송 등 주의해야 할 때입니다.

보이스피싱 피해 시 대처 방법

보이스피싱 전화, 피싱 사기범에게 이체, 정보 제공 또는 악성 앱 설치된 경우

1)입금 또는 송금 은행 콜센터에 **즉시** 전화하여 피해신고 및 **계좌 지급정지 신청** : www.payinfo.or.kr(계좌정보통합관리서비스) 또는 해당 은행 영업점

2)신분증, 계좌번호 등 **개인정보 유출** 또는 의심스러운 URL 접속으로 **악성 앱 설치** 가 의심되는 경우 ==> 악성 앱 삭제, 휴대폰 초기화, 모르면 휴대폰 전원 끄고 도움 요청 ==> 경찰(**112**), 금감원(**1332**), **금융회사**에 피해 신고 및 지급정지 요청

3)개인정보 노출등록: http://pd.fss.or.kr(개인정보 노출자 사고 예방시스템)

4)명의도용 신고: www.msafer.or.kr(명의도용방지서비스) 일괄 지급정지

5)악성코드 감염 시 악성 앱 삭제 및 휴대전화 초기화

6) **불법 스팸** 신고 센터: **118**

피해 사례 공유하기

금융감독원 '보이스피싱지킴이' 사이트에 접속하여 피해사례 공유   www.fss.or.kr

카톡 등 메신저로 공유해서 피해 사례가 없도록 하기

피싱 피해 주요 연락처

우리은행: 1588-5000 / 농협: 1588-2100 / 국민: 1588-9999
하나은행: 1599-1111 / 은행: 1544-8000 / 신협: 1566-6000
SC제일은행: 1588-1599 / 산업은행: 1588-1500
시티은행: 1588-7000 / 부산은행: 1588-6200 / 제주은행: 1588-0079 / 전북은행: 1588-4477 / 대구은행: 1588-5050 / 우정사업본부: 1588-1900 / 경남은행: 1588-8585 / 새마을금고: 1599-9000

한국인터넷진흥원: 국번 없이 118
경찰청: 국번 없이 112(피해신고)
금융감독원: 국번 없이 1332(피싱 사기 상담)

피싱 피해 예방 십계명

1. 검찰청, 경찰청 이라며 주민등록번호 요청, 은행 계좌이체 요구하면 무조건 전화 끊기 (대응하면 안됨)
2. 금융감독원에서 저금리 대출 해주겠다고 하면 무조건 사기
3. 전화로 정부기관이라 사칭하며 자금 이체해야 되니 계좌번호, 비밀번호 알려달라고 하면 절대 거짓, 앱 설치 요구 시 설치 금지
4. 납치, 협박, 교통사고라고 전화 걸려오면 가족에게 먼저 확인하기
5. 카드 배송 왔다고 본사에 전화해 보라고 하면 전화 발신금지, 앱 설치 금지
6. 가족(친구, 친척, 지인)이 메신저로 송금하라고 하면 반드시 확인하기
7. 방문 택배 확인하라는 URL이 나오면 클릭 금지
8. 불법, 위반 과태료 부과 대상자라는 메시지에 확인 전화 발신 금지
9. 민원24 위반 사항이라며 오는 이메일, 문자, 링크, 바로 삭제 및 차단하기
10. 이벤트 당첨이라며 소액 송금 요구 시 보이스피싱 의심

8장

다양한 종류의 키오스크 사용 방법

무인 점포 디지털 단말기 사용 시대
교육용 키오스크

일상생활에서 사용하는 다양한 키오스크 사용 방법

1. 카페 커피숍 음료 주문
2. 무인민원발급기
3. 고속버스 승차권
4. 푸드코트 음식주문
5. 영화관 티켓구매
6. KTX 열차예매
7. 무인판매점 셀프계산대
8. 병원진료발급기
9. 공항 셀프체크인

1. 카페 커피숍

카페 커피숍(메뉴 선택)

1 첫 화면

① 화면 터치
첫 화면은 광고 화면이니, 화면 아무데나 터치하면 됨

2 메뉴 선택

① 상단에 있는 대 메뉴를 눌러 원하는 메뉴를 쉽게 찾을 수 있음

② 메뉴를 선택하면
하단에 있는 장바구니에 담김

③ 수량을 추가할 때는 [+]를 터치하고 뺄 때는
[-]를 터치

8장 다양한 종류의 키오스크 사용 방법

카페 커피숍(커피 옵션 선택)

1 옵션 선택

① 옵션 선택

3가지 옵션 각각 선택 가능

농도 조절, 시럽 추가는 비용이 추가 됨

② 옵션 선택 방법

선택을 하지 않을 경우, 기본으로 주문 됨

③ 옵션을 선택하지 않을 경우 [주문담기] 터치

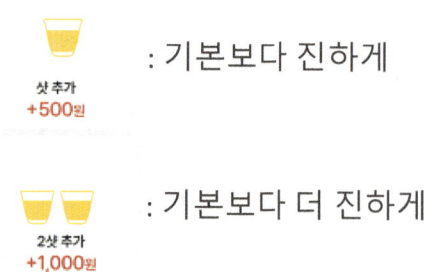

: 기본보다 진하게

: 기본보다 더 진하게

: 바닐라 시럽 추가

: 카라멜 시럽 추가

: 헤이즐넛 시럽 추가

카페 커피숍(주문확인)

1 주문확인(장바구니)

① 주문 확인
결제 전 주문한 메뉴가 맞는지 확인

주문한 메뉴의 [X]를 터치하면 취소가 되고
주문 수량을 추가할 때는 [+]를,
뺄 때는 [-]를 터치

② 결제하기

2 주문 세부내역 확인 및 포장여부 선택

① [먹고가기] 또는 [포장하기]

매장에서 먹고 갈 것인지
포장해서 가지고 갈 것인지
선택

카페 커피숍(결제방식, 스탬프 적립)

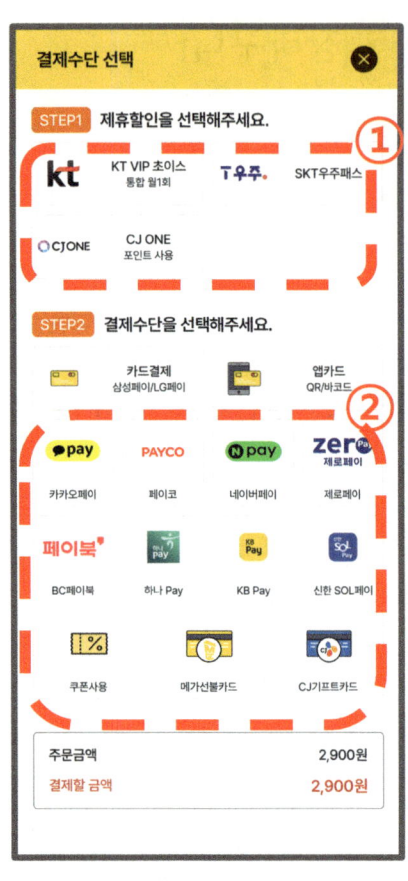

1 제휴할인 및 결제방식

① 제휴할인 선택
제휴사가 있으면 선택
없으면 다음으로 넘어가기

② 결제 수단을 선택하세요.
카드 결제의 경우, 두번째 [카드 결제] 터치

2 스탬프 적립(전화번호)

① 스탬프 적립

적립을 위해 전화번호 입력 후 [적립] 터치

카페 커피숍(스탬프 적립 완료)

1 스탬프 적립 완료

① 1개의 스탬프가 적립되었습니다.

[확인] 터치

> 여기서 잠깐!!
> 스탬프 10개 = (아메리카노) 쿠폰 1개

카페 커피숍(결제 진행)

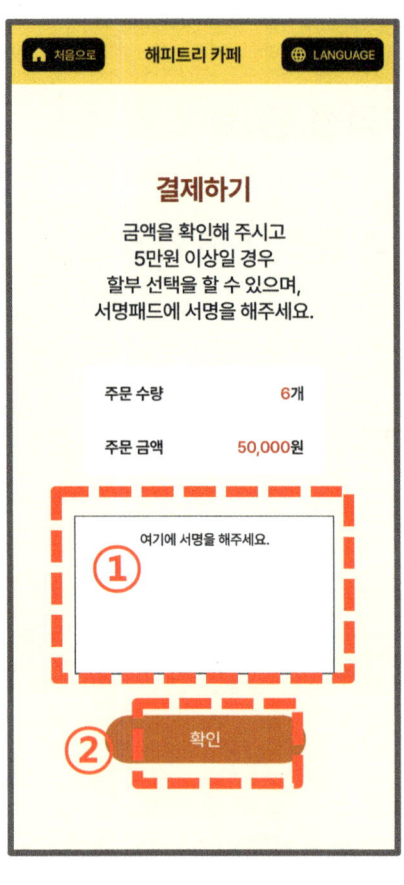

1 결제 진행

① 5만원 이상 서명
5만원 이하 무서명

② 확인

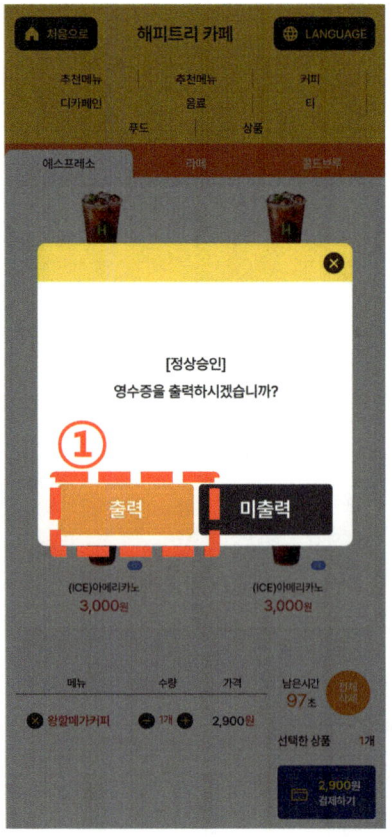

2 영수증 출력 여부

① 영수증 [출력]

카페 커피숍(영수증 수령)

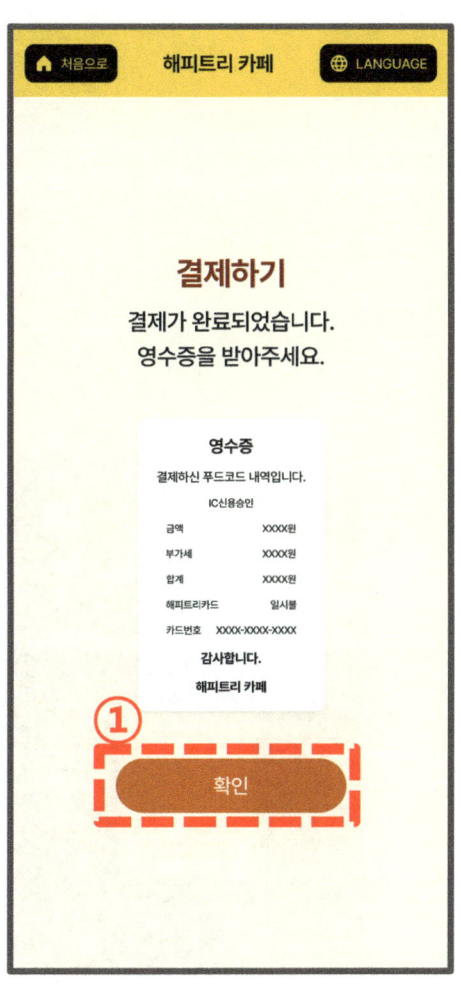

1 영수증 수령

① 영수증 수령 후 [확인]을 터치하면 홈화면으로 복귀

번호표를 확인해 주세요.

2. 무인민원발급기

무인민원발급기(증명서 선택)

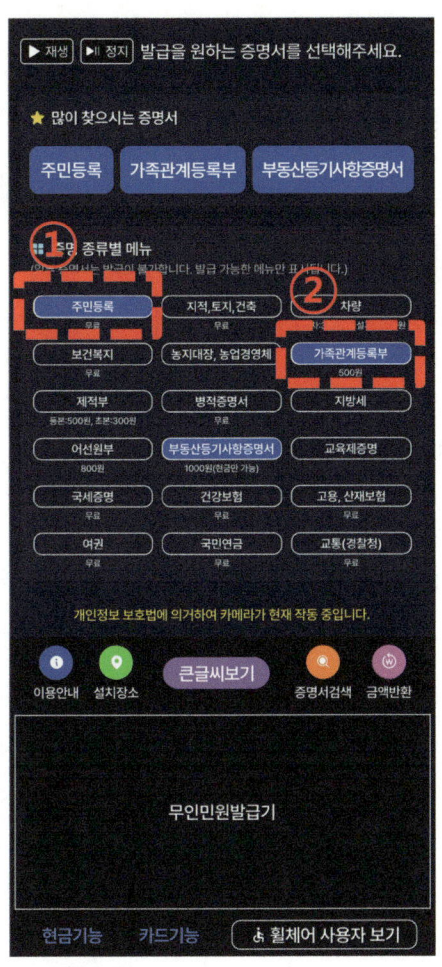

1 증명서 선택

발급할 증명서를 선택해 주세요.

① 주민등록
- 주민등록등본
- 주민등록초본

② 가족관계등록부

기타 증명서도 같은 방법으로 할 수 있으며, 그 외 메뉴는 실제 키오스크에서 직접 해보세요.

무인민원발급기(세부 선택 및 주민등록번호 입력)

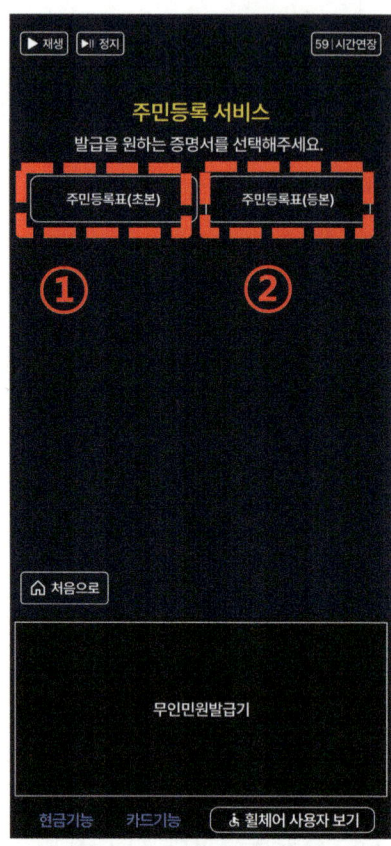

1 증명서 세부 선택

① 주민등록초본
개인의 기록(주소변경, 주민등록번호 변경, 개명이력, 병역사항 등)이 기재된 공문서

② 주민등록등본
주소지를 같이하는 세대의 세대주와 세대원이 모두 기재된 공문서

2 주민등록번호 입력

① 주민등록번호 13자리
숫자를 누르면 상단 박스에 표시됨

숫자를 정확히 입력하고
[삭제] 또는 [정정]으로
숫자를 지울 수 있음

② 확인

무인민원발급기(지문 인식)

1 지문 인식

① 오른손 엄지 손가락을 [지문인식기]에 올려주세요.
(등록된 손가락이 다를 수 있음)

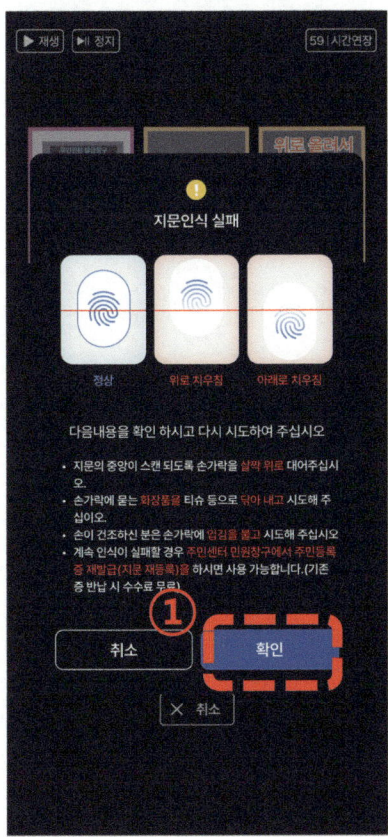

2 지문인식 실패 확인

① 지문인식 실패의 경우 [확인]을 터치하고 다시 지문을 인식시켜주세요.

- 지문인식기와 내 손가락도 깨끗하게 닦기

- 지문인식이 될 때까지 떼지 말고 기다려 주세요.

8장 다양한 종류의 키오스크 사용 방법

무인민원발급기(증명서 선택 사항)

1 증명서 발급 선택 사항

① 발급 용도(제출 기관) 선택

② [전체 포함] 또는 [전체 미포함]으로 쉽게 선택할 수 있음

③ 선택 사항을 순서대로 하나씩 포함 미포함을 선택할 수 있음

④ [확인] 버튼을 터치하여 다음 단계로 진행

무인민원발급기(수수료 선택 및 발급 부수 선택)

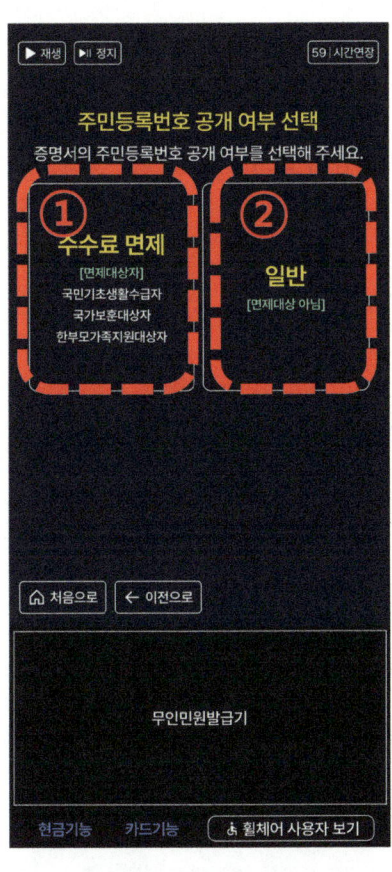

1 수수료 면제 여부

① 면제 대상자는 [수수료 면제] 선택

② 면제 대상자가 아닌 경우 [일반]을 선택

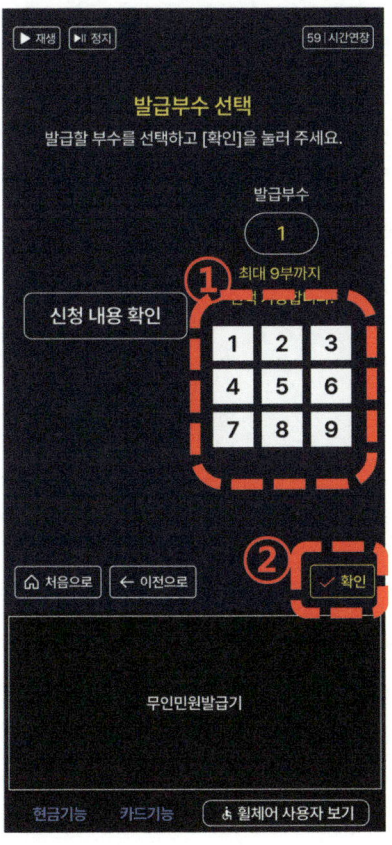

2 발급 부수 선택

① 발급 부수 선택 (최대 9부)

② [확인]

무인민원발급기(결제 방법 선택, 결제하기)

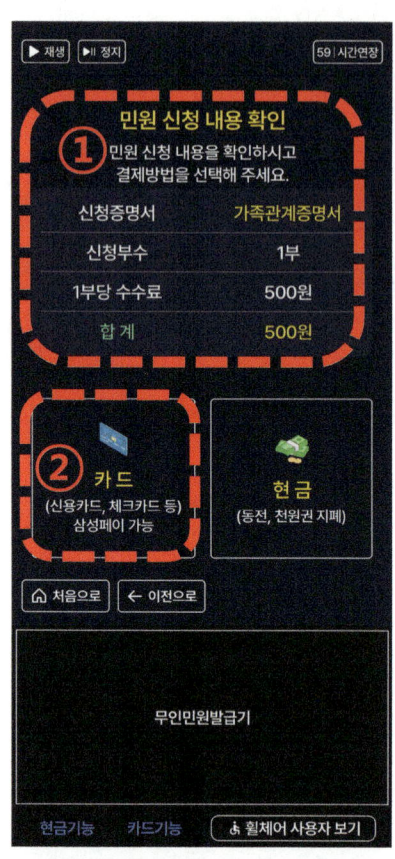

1️⃣ 발급내용 확인, 결제 방법

① 민원 신청 내용 확인

② 결제 수단 [카드] 선택

③ 카드 방향을 확인하고 카드 투입

2️⃣ 결제하기

카드 방향 확인

카드 IC칩을 투입구 방향으로 끝까지 넣어 줌

무인민원발급기(증명서 인쇄, 영수증 발급)

1 증명서 발급　**2** 증명서 수령 후 확인　**3** 영수증 발급

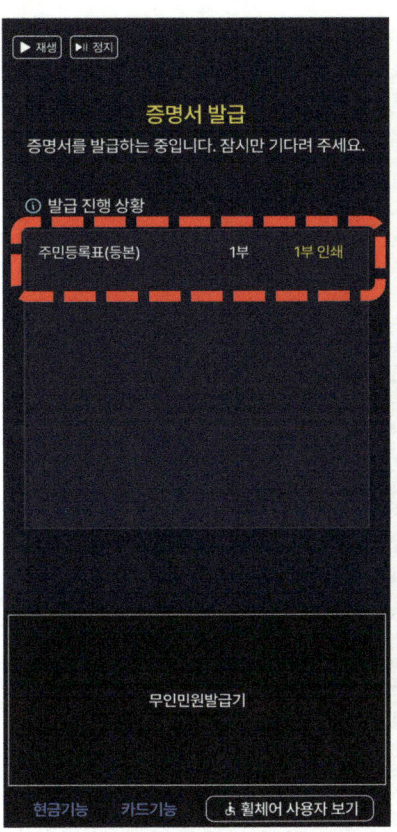
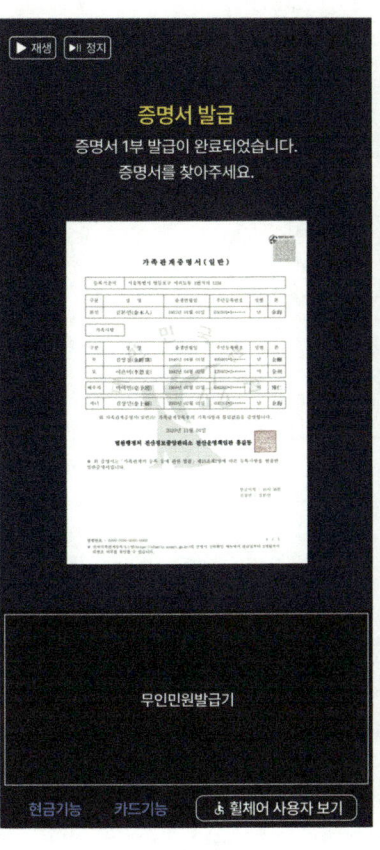
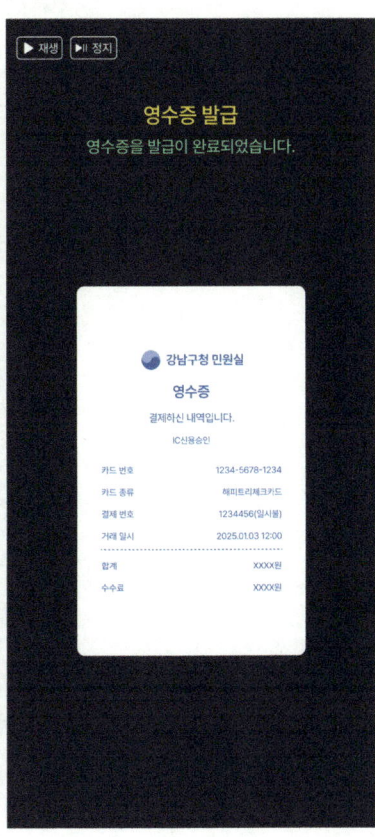

발급완료

화면을 터치하면 다음 화면으로 이동

3. 고속버스 예매

고속버스 예매(승차권 구매, 도착지 선택)

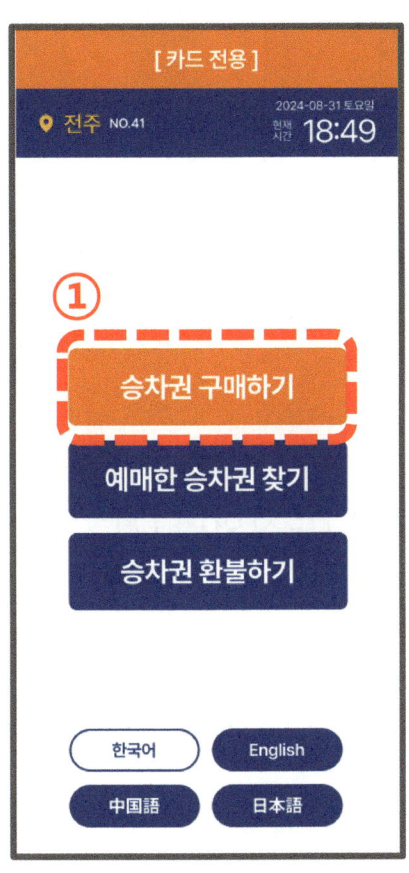

1 승차권 구매하기

① [승차권 구매하기] 터치

2 도착지 선택

① [도착지 선택] 터치

고속버스 예매(도착지 검색 선택)

1 도착지 검색, 선택

① [지역]을 터치해서 도착지를 선택

② 검색해서 [도착역] 터치

지역별/가나다 순 검색 가능

고속버스 예매(출발일, 시간, 좌석 선택)

1 출발일, 시간 선택

① [출발일] 선택 가능
　<= 이전 날
　=> 다음 날

② 출발 시간과 등급, 잔여석 확인 후 선택

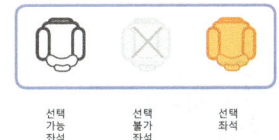

2 좌석 선택

① 선택 가능한 [좌석 선택]

② 어른, 어린이, 청소년 선택 [탑승 인원]

③ [선택 완료]

고속버스 예매(결제 및 승차권 발권)

1 결제하기(카드 투입)

① 카드 투입구에 카드를 투입하면 결제 시작

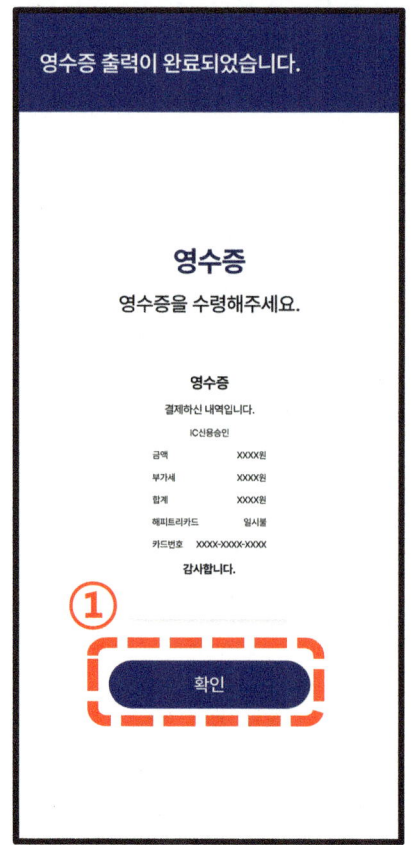

2 승차권, 영수증 발행

① 카드를 제거한 후 영수증을 수령 후 [확인]

4. 푸드코트

푸드코드(첫화면)

1 화면 터치(광고 화면)

① 광고 화면을 [터치]하면 주문 화면으로 이동

첫 화면이 광고 화면일 경우, 터치하시고 앞에 사람이 바로 주문을 진행하고 있을 경우에는 주문화면이 보임

다시 시작하려면 [홈버튼]을 터치

푸드코트(음식 종류 선택)

1 음식 종류 선택

① [전체]는 푸드코트에 있는 모든 메뉴를 확인 가능(좌우로 스와이프 하면 메뉴가 이동)

② [한식], [중식], [양식], [분식] 대메뉴를 터치하면 종류별로 나열되어 있음

2 메뉴 장바구니 담기 결제하기

① 메뉴 선택하면 장바구니에 추가됨

② 주문한 메뉴의 [X]를 터치하면 취소 되고
주문 수량을 추가할 때는 [+]를, 뺄 때는 [-]를 터치

③ 주문 메뉴와 수량 확인 후 [결제하기] 터치

푸드코트(포인트 적립)

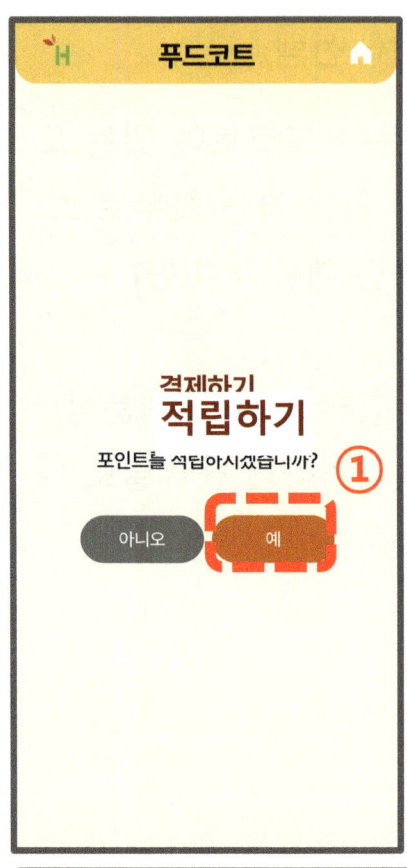

1 포인트 적립

① 포인트 적립하기 선택

2 적립하기(폰번호 입력)

① 적립하기를 선택했을 경우, 휴대폰 번호를 입력
(상단에 뜨는 숫자가 내 번호가 맞는지 확인)

② [확인]을 터치하면 적립 완료

푸드코트(결제하기)

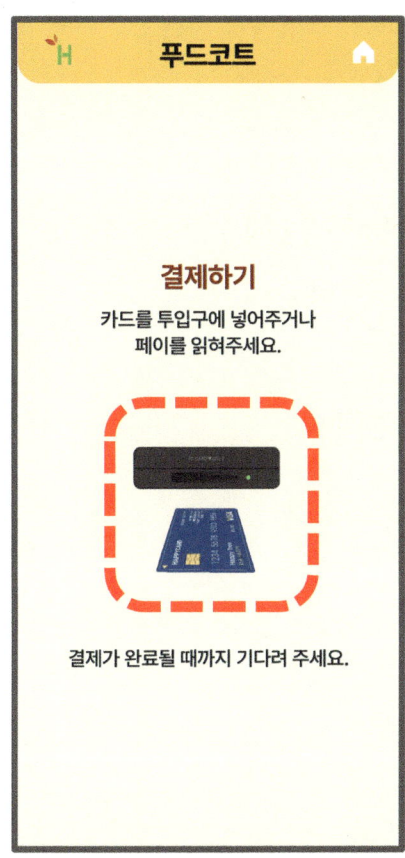

1️⃣ 카드 결제

카드 방향

카드 IC칩을
투입구 방향으로
끝까지 넣어 줌

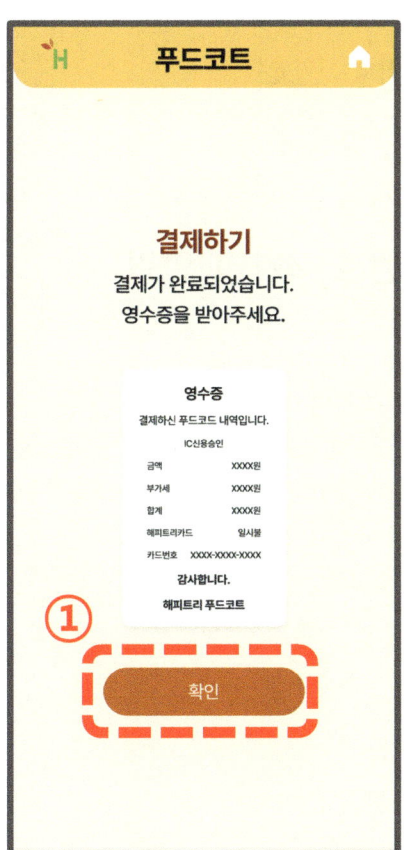

2️⃣ 영수증 수령하기

① [확인] 터치

푸드코트(주차정산)

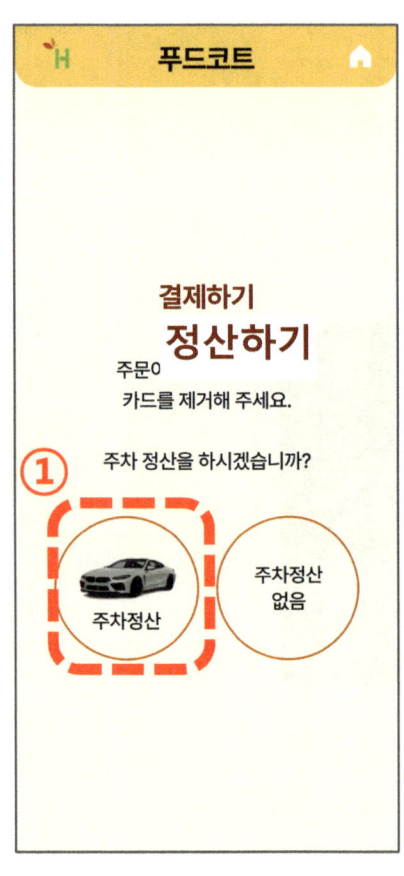

1 주차정산

① [주차정산] 선택
또는 없음 선택

② [확인] 터치

2 차량번호 입력

① [차량번호] 4자리 입력

② [확인] 터치

푸드코트(주문 완료)

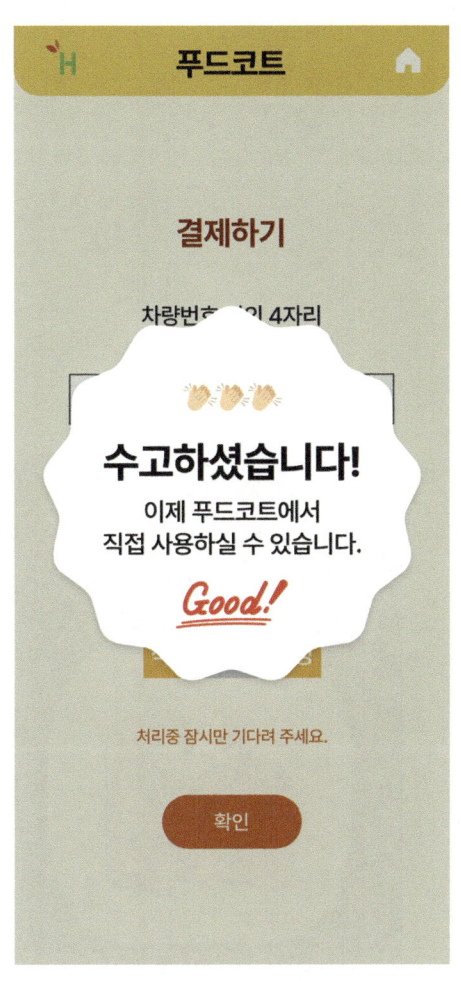

음식 주문 완료

화면을 터치하면 첫 화면으로 돌아간다.

5. 영화관 티켓구매

영화관 티켓 구매(영화 선택)

1 티켓 구매

① [티켓구매] 터치하기

2 영화 선택

① 보고 싶은 영화 선택

영화관 티켓 구매(인원, 좌석 선택)

1 인원 선택

① 관람 인원 수 선택
(어른, 경로, 청소년 선택)

② [좌석 선택하러 가기] 터치

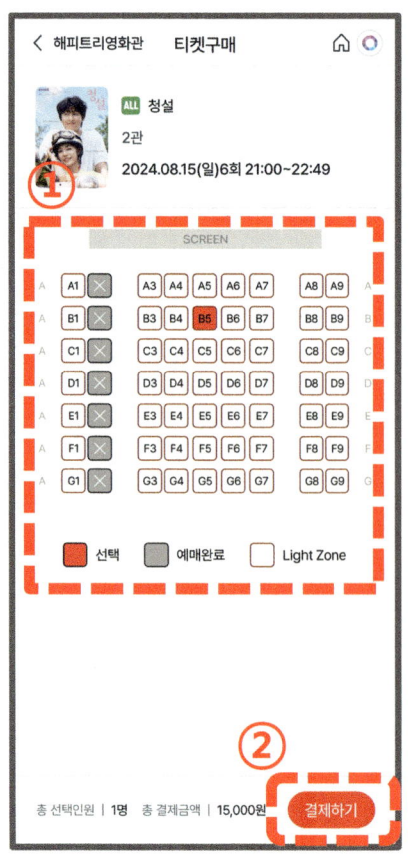

2 좌석 선택

① 관람 인원수만큼 [좌석 선택] 하기

② [결제하기] 터치

영화관 티켓 구매(결제정보 확인)

1 결제하기

① 결제 정보 확인하기

② [카드 결제] 터치

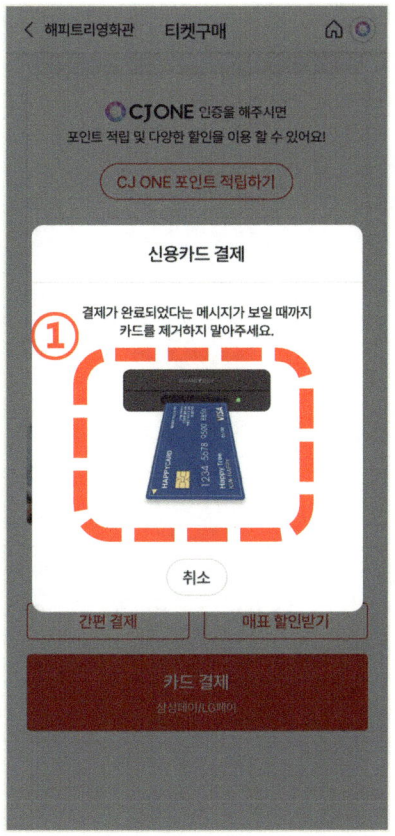

2 카드 결제

① 카드 결제 진행

영화관 (티켓 출력)

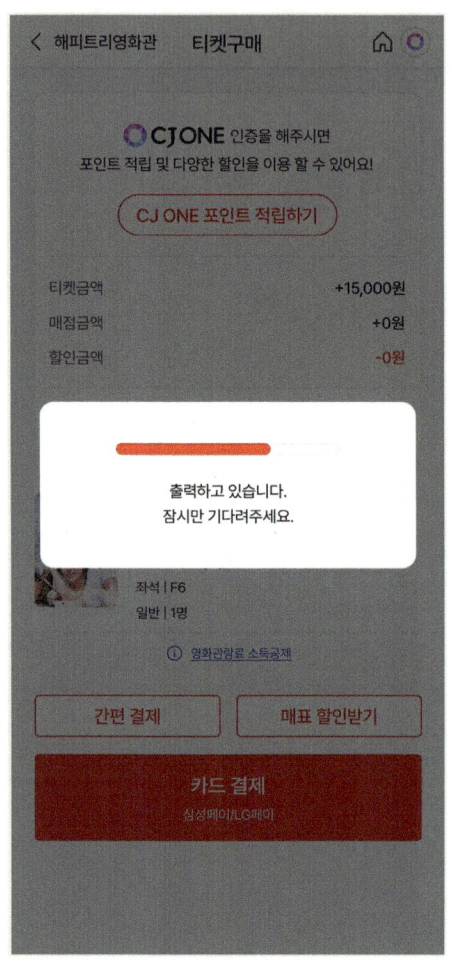

1 티켓 출력

① 영수증 확인
티켓 출력 완료

6. KTX 열차예매

KTX 열차예매(승차권 구매, 도착지 선택)

1 승차권 구매

① [승차권 구매] 터치

2 도착역 선택

① [도착] 터치하기

② 도착지 역 선택하기

[역이름 찾기]를 통해 도착역 검색 가능

③ [열차 조회하기] 터치

KTX 열차예매 (열차, 인원, 좌석 선택)

1 출발 시간 차실 선택

① 출발 시간 / 도착 시간을 먼저 확인 후 일반실/ 특실 등을 고려하여 선택(터치)

2 승차 인원, 좌석 선택

① 승차 인원 선택하기
② 좌석 선택하기

KTX 열차예매 (결제 수단)

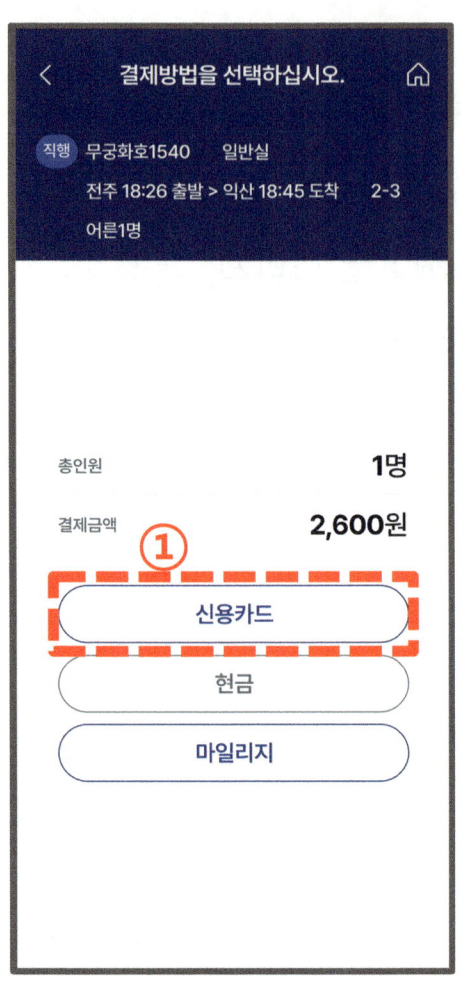

1 결제 수단 선택

① [신용카드] 선택

마일리지 결제도 가능

KTX 열차예매 (멤버십 적립)

1 멤버십 적립

① 멤버십 적립을 원할 경우,
[예] 터치
멤버십 적립을 하지 않을 경우,
[아니오] 터치

2 적립할 번호 입력

① 코레일 멤버십 번호 10자리 입력하기

② 멤버십 번호 입력 후
[확인] 터치

KTX 열차예매 (결제, 승차권 발권 완료)

1 카드결제(투입)

① 신용카드 투입

② [확인] 터치

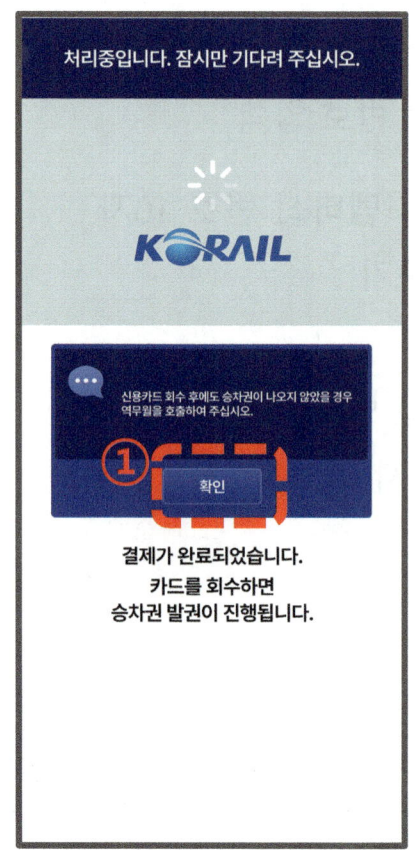

2 결제 완료 / 카드회수

① [확인] 터치

KTX 열차예매(승차권 인쇄 / 발권 완료)

1 승차권 인쇄   **2** 승차권 발권 완료

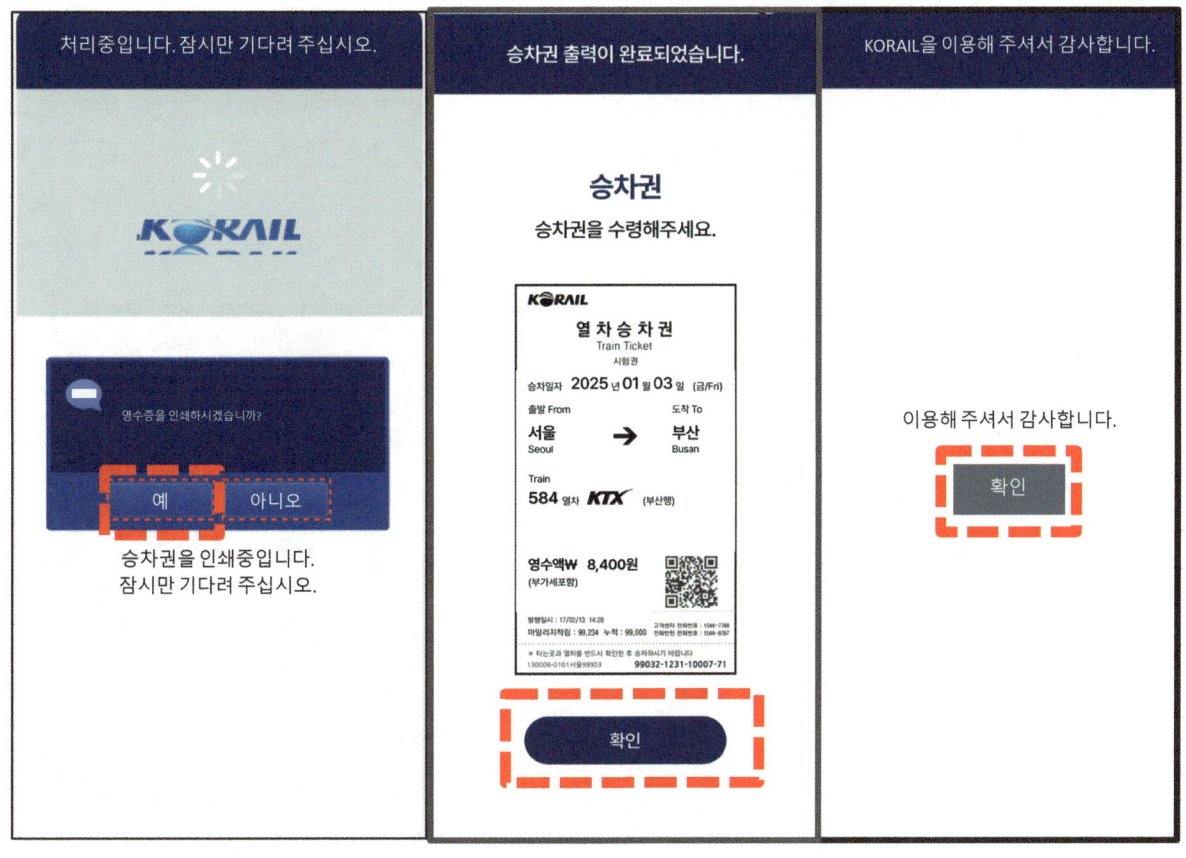

7. 셀프계산대

무인 판매점 셀프 계산대(바코드 스캔, 상품 확인)

1 화면 터치(광고)

① 상품을 바코드 스캐너에 갖다 대면 장바구니에 자동으로 담김

- 광고 화면이나 안내 문구가 뜰 경우, 화면을 터치

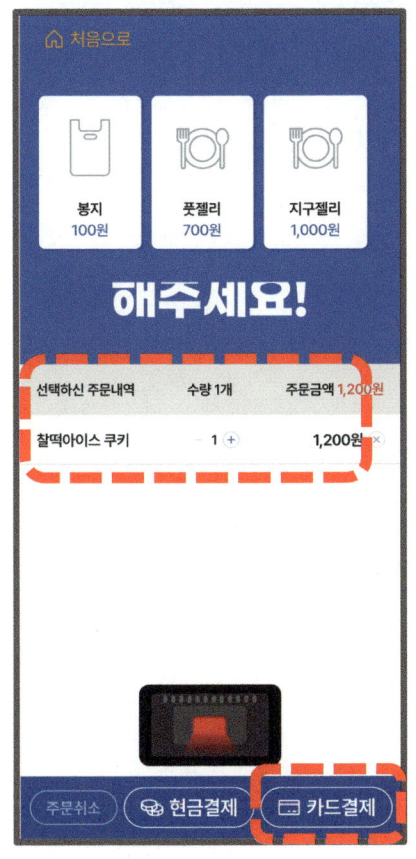

2 장바구니 상품 확인

① 스캔한 상품 주문내역이 맞는지 확인

② 결제 수단 [카드결제] 터치

③ 카드 투입 및 제거

무인 판매점 셀프 계산대(결제하기)

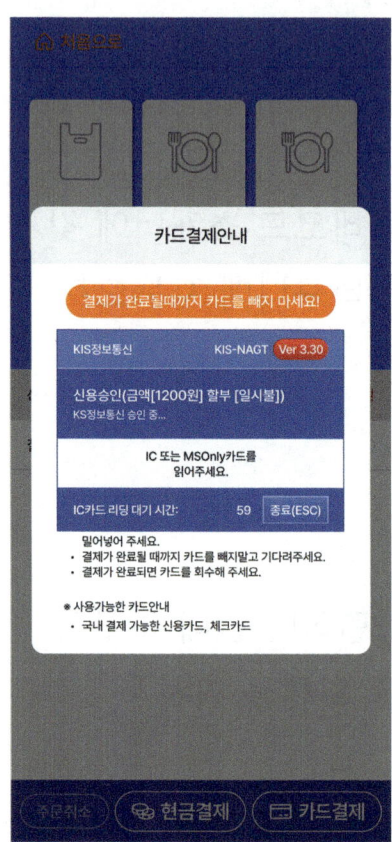

1 카드결제(투입)

카드 투입 및 제거

카드 방향

카드 IC칩을
투입구 방향으로
끝까지 넣어 줌

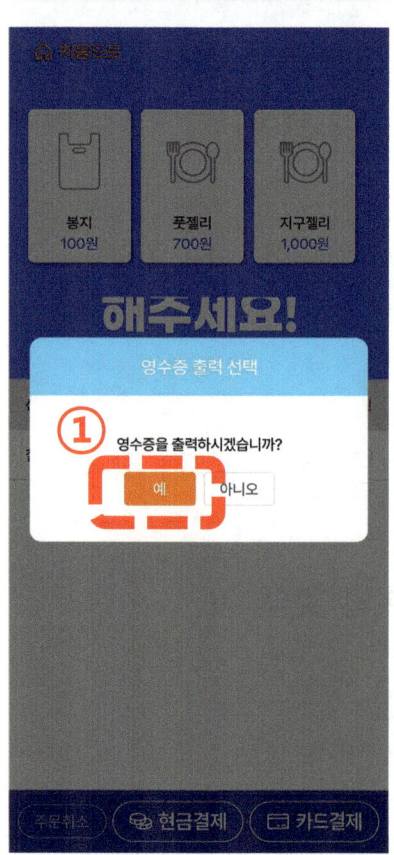

2 영수증 출력

① 영수증 출력 [예]

무인 판매점 셀프 계산대(영수증 출력)

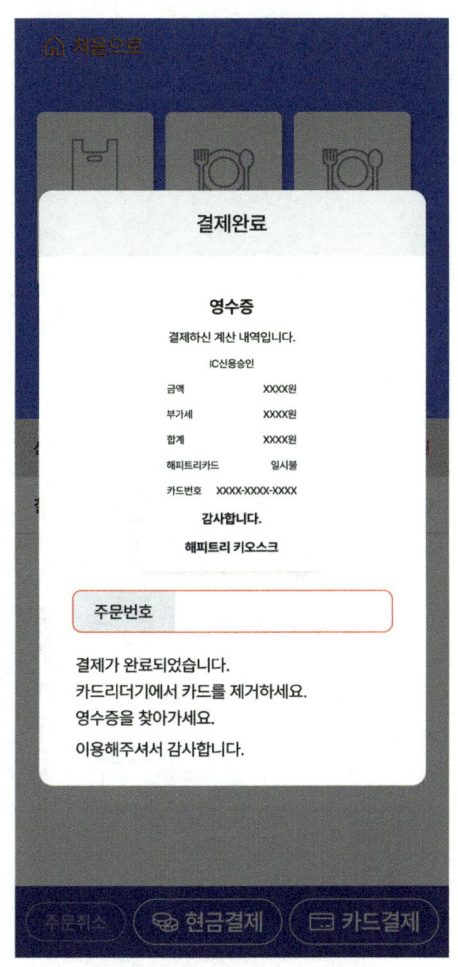

1 결제 완료

8. 병원진료발급기

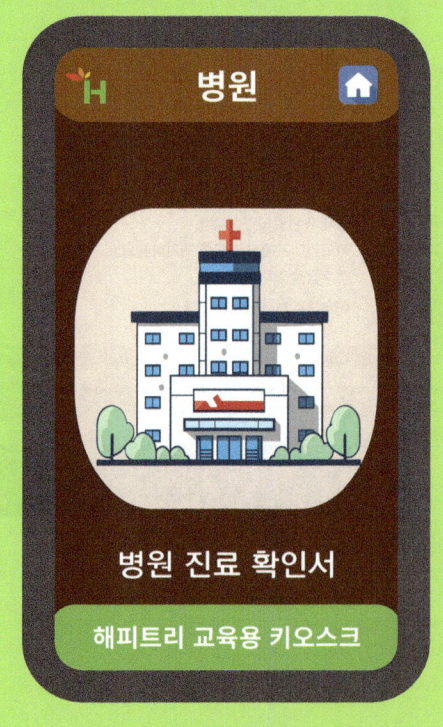

병원진료발급기(번호표 발행기)

1 번호표 발행 선택

① [번호표 발행기] 선택

병원에 가서 진료를 하려면 번호표부터 발행하고 대기해야 한다.

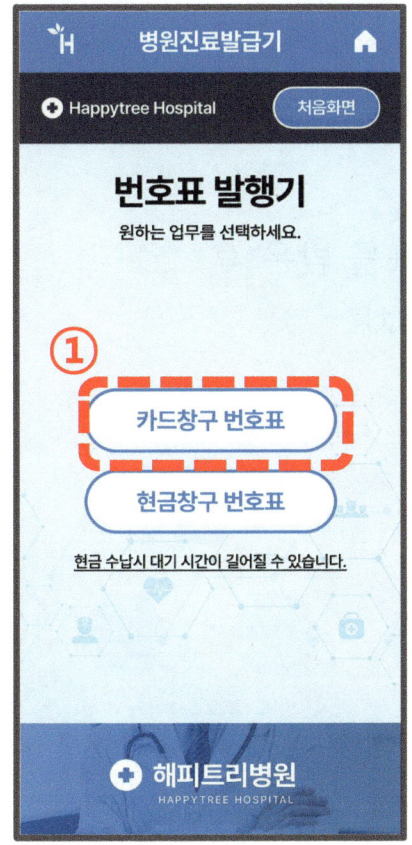

2 업무 선택

① [카드창구 번호표] 선택

현금결제시 [현금창구 번호표] 선택하기

8장 다양한 종류의 키오스크 사용 방법

병원진료발급기(번호표 발행기)

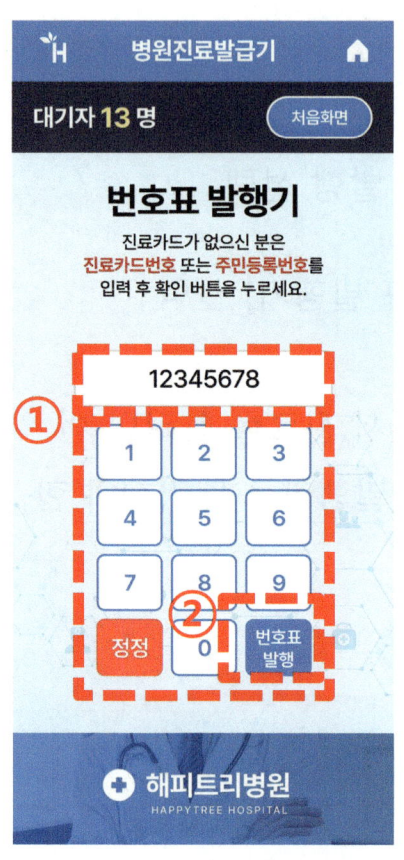

1 번호 입력

① 진료가드 번호(8자리)
또는 주민등록번호(13자리)
입력

② [번호표 발행] 터치

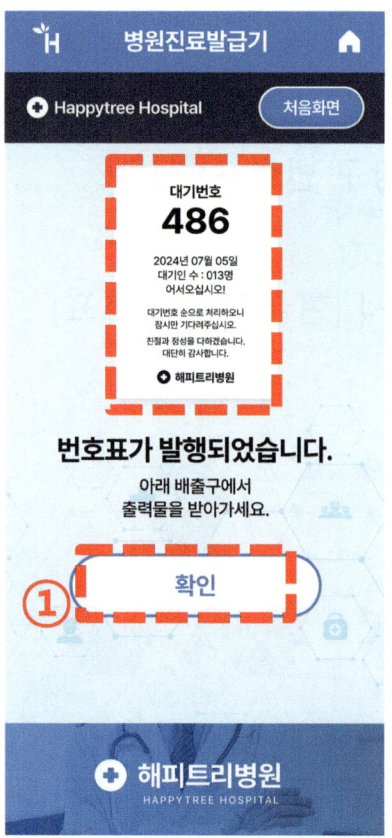

2 번호표 발행 완료

① 번호표를 받은 후
[확인] 터치

병원진료발급기(증명서 발급)

1 병원 진료발급 선택

① [병원 진료발급] 터치

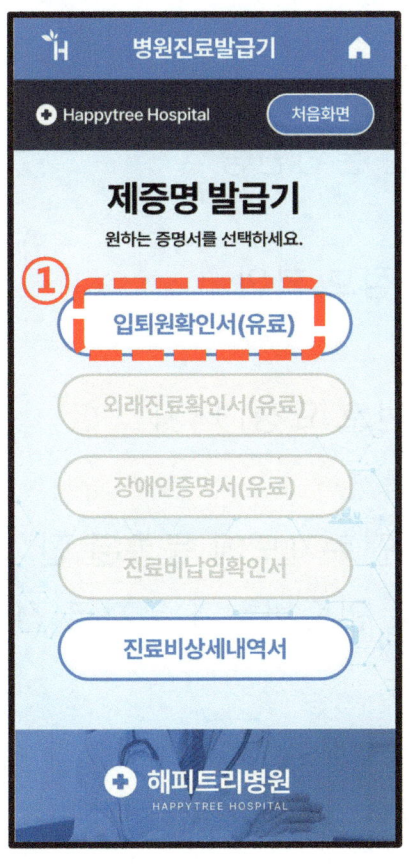

2 증명서 선택

① [입퇴원확인서(유료)] 선택

다양한 진료 기록을 발급 받을 수 있습니다.
해피트리 교육용 키오스크는 입퇴원확인서와 진료비 상세내역서를 체험 하도록 되어 있습니다.

8장 다양한 종류의 키오스크 사용 방법

병원진료발급기(증명서 발급)

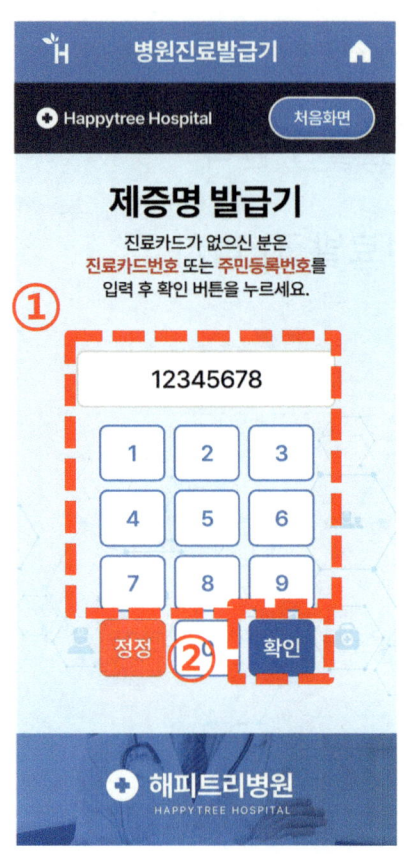

1 진료카드번호 등 입력

① 진료카드 번호(8자리) 또는 주민등록번호(13자리) 입력

② [확인] 터치

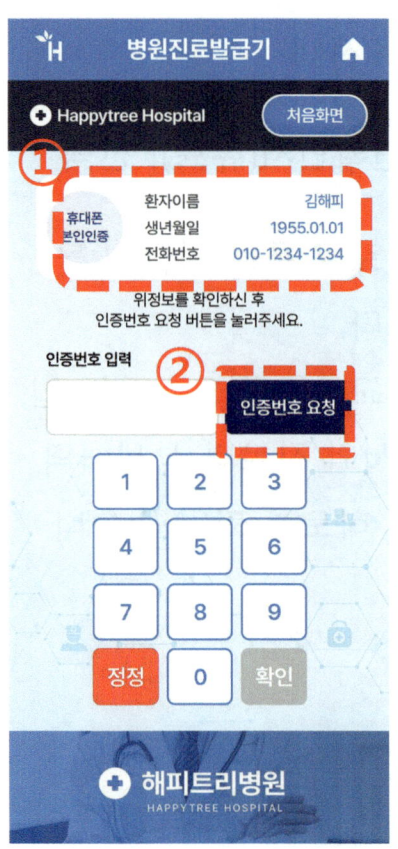

2 휴대폰 본인인증

① 본인 정보 확인

②[인증번호 요청] 터치

접수 시 진료카드에 등록된 전화번호로 인증번호가 문자로 전송됩니다.

병원진료발급기(본인 인증)

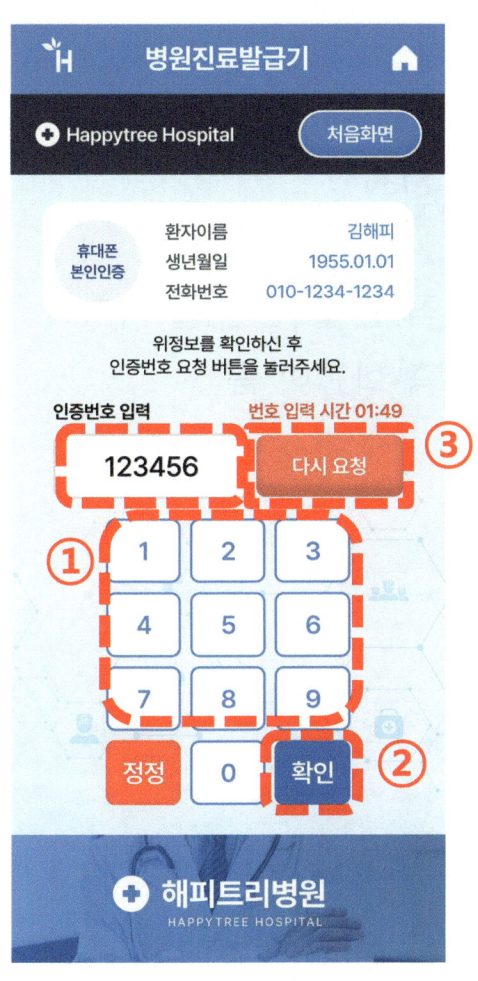

1 인증번호 입력

① 휴대폰 메시지를 확인 후 인증번호(6자리) 입력

② [확인] 터치

③ 입력시간(2분)이 지났거나 미 확인 시 [다시 요청] 터치 해서 인증번호 입력

> 여기서 잠깐!!
> 실제로 스마트폰으로
> 인증번호를 문자로 받은 후
> 최소 6자리 숫자 입력

병원진료발급기(조회 기간)

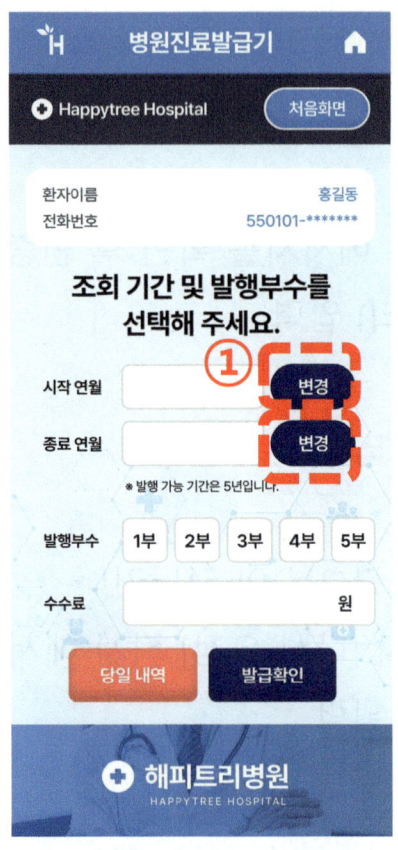

1️⃣ 조회기간 시작 연월 변경

① 시작 연월 [변경]을 터치하면 우측 화면이 뜸

2️⃣ 연도/ 월 선택

① 시작 연월 [변경]을 터치하면 우측 화면이 뜸

② [연도] 선택

③ [월] 선택

④ [확인] 터치

종료 연월도 동일한 방법으로 진행함

병원진료발급기(발행 부수 선택)

1️⃣ 발행부수 선택

① 필요한 [발행부수] 선택

② [발급 확인] 터치

병원진료발급기(신용카드 결제)

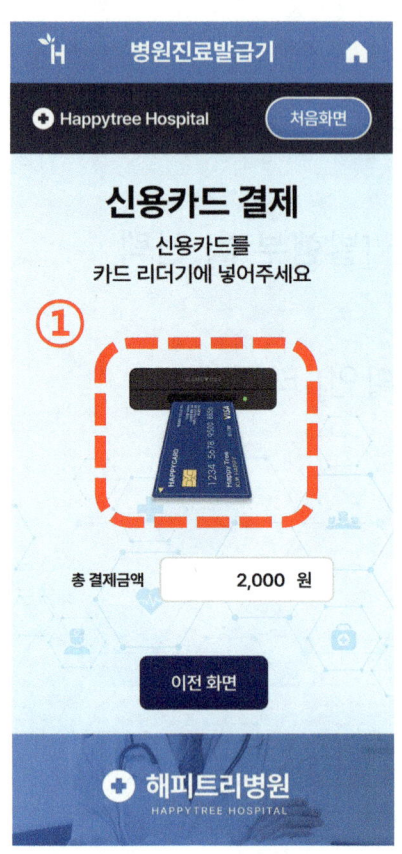

1️⃣ 신용카드 결제

① 신용카드 투입

카드 방향

카드 IC칩을
투입구 방향으로
끝까지 넣어 줌

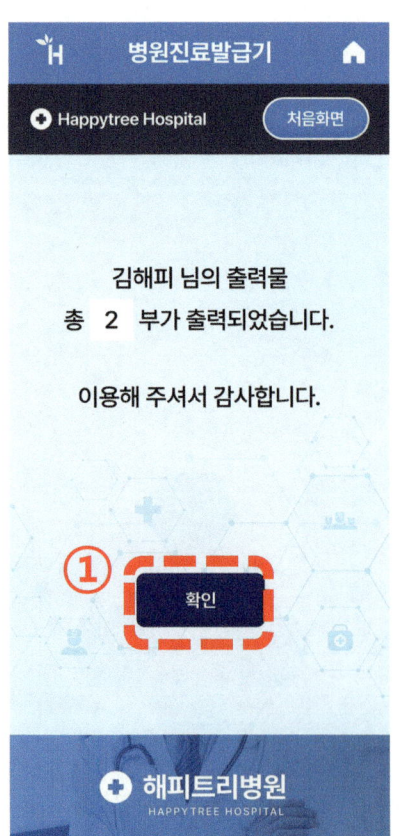

2️⃣ 출력

① 출력 완료 [확인]
출력물과 영수증 수령

9. 공항 체크인

공항 체크인(항공사 선택)

1 항공사 선택

① 예약한 항공사 선택
[해피트리 항공]

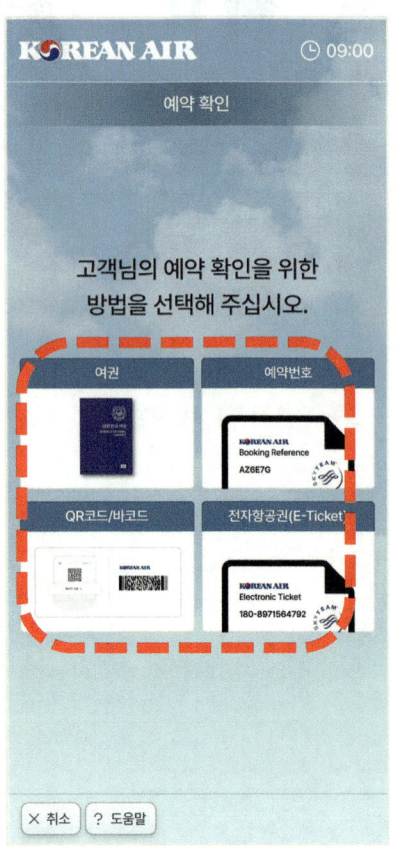

2 예약 방법 선택

① 예약 확인 수단 선택
[여권] 선택

공항 체크인(수속 인원 확인)

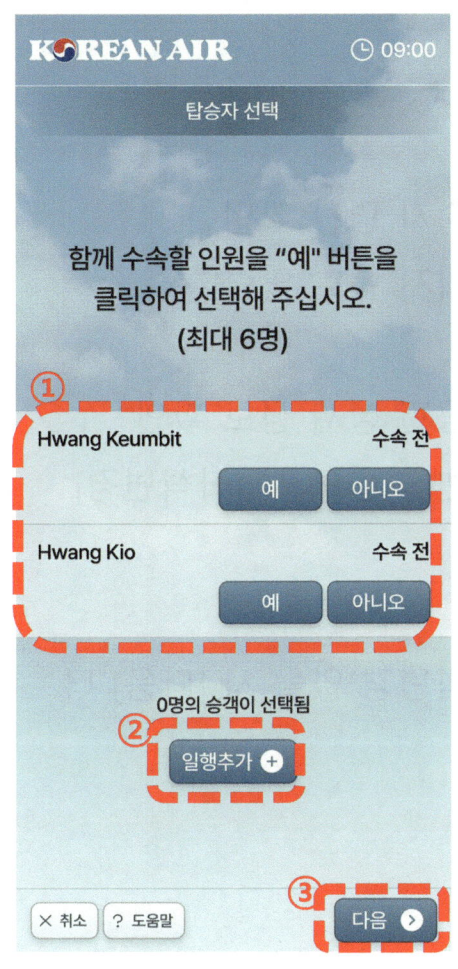

1 수속 인원 확인

① 수속 일행이 맞을 시 [예] 터치

② 일행추가 필요시 [일행추가] 터치

③ 수속 인원 확인 후 [다음] 터치

공항 체크인(마일리지 입력/ 좌석 변경))

1 탑승 정보 확인

① 탑승자 명단 확인
[마일리지 번호 입력]

② 항공편 상세 정보 확인
좌석 변경 필요 시 [좌석변경] 터치

③ 좌석변경 없을 시 [다음] 터치

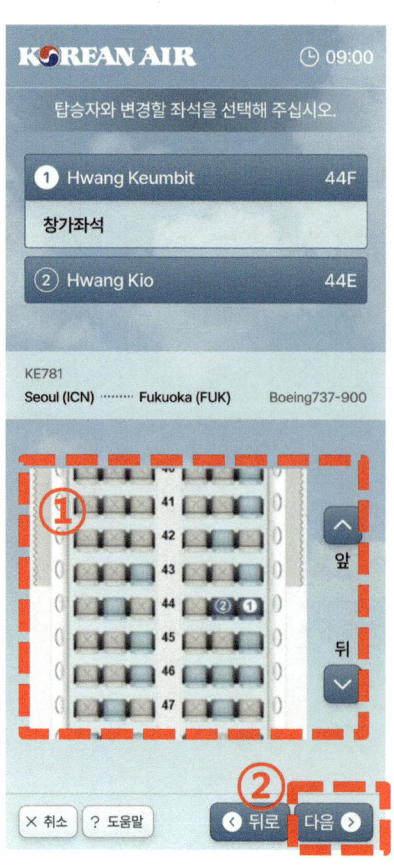

2 좌석 확인

① 원하는 좌석 터치

② 좌석 변경 후 [다음] 터치
좌석 변경 취소 시 [뒤로] 터치

공항 체크인(체크인 정보 확인)

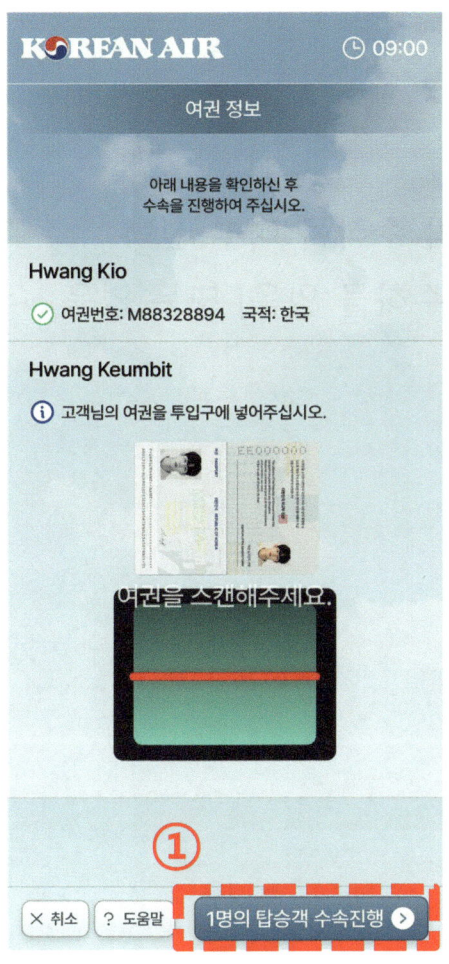

1 체크인 정보 확인

① 탑승자 정보 확인 후
[탑승객 수속진행] 터치

공항 체크인(수하물 유무 확인)

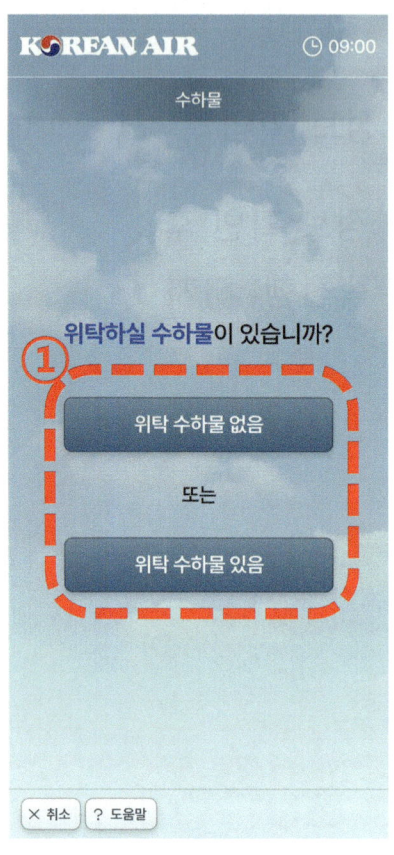

1 위탁 수하물 유무

① 위탁 수하물 여부 선택
[위탁 수하물 있음] 또는 없음
터치

2 체크인 완료

① 종료

수하물 창구로 가면 됨

스마트폰 공부하시느라 수고하셨습니다.

해피트리교육원과 토마토의멋진세상은
자매 회사입니다.

해피트리교육원에서는 교육용 키오스크 개발과 교육용 앱 개발,
그리고 강사 양성하는 교육 기관입니다.

토마토의멋진세상은 강사 파견, 도서 출판, SNS 마케팅 관련
업무와 교육을 하고 있습니다.

자세한 내용과 더 많은 정보는 홈페이지와 블로그에서 확인할 수
있습니다.

해피트리교육원 : www.eduhappytree.com
T. 1688-4245
토마토의멋진세상 : www.tomatokorea.com
T. 031-407-0925
서영주강사 블로그 : https://blog.naver.com/ss1454

스마트폰 활용 교육 커리큘럼 18회 차 예시

회차	학습 목표	교육내용
1	스마트폰 기본 조작 방법	- 스마트폰 기능 올바르게 사용하기 - 스마트폰 설정(홈화면, 통화) - 디스플레이 설정 - 음성으로 문자 전송, 사진 바로 보내기
2	스마트폰 편리하게 사용하는 방법	- 잠금화면 설정하기 - 잠금화면, 비상연락처 - 의료정보 입력하기, 위급상황 알리기 - 보이지 않는 화면 캡처와 동영상 녹화 - 방해금지 설정
3	금손으로 만드는 스마트폰 카메라	- 스마트폰으로 사진 잘 찍는 법 - 카메라 기본 설정 - 인물사진, 인물 동영상 - 야간촬영, 음식사진, 슬로우 모션 - 콜라주 만들기
4	예쁜 셀카 앱으로 사진 촬영	- 워터마크 없애기, 메이크업, 잡티제거 - 예쁜 셀카 사진 촬영 - 스타일 선택 촬영 - 스티커 사진 촬영 - 스티커 동영상
5	카카오톡 기능 바로 알기	- 카톡 사진 편집해서 보내기 - 고화질 사진 영상 보내기, 묶어 보내기 - 단톡방 대표이미지, 이름설정, 초대하기 - 단톡방 관리하기 - 조용한 채팅방
6	카카오톡 기능 똑똑하게 사용하기	- 친구 추가 방법 - 지도 보내기 - 책갈피 설정 - 예약 메시지 - 카카오페이 가입하기
7	키오스크 체험 학습 1	- 카페 커피숍 => 커피 주문하기 - 패스트푸드 => 햄버거 주문하기 - 무인민원발급기 => 등초본 발급하기
8	키오스크 현장 학습 1	- 패스트 푸드점에서 햄버거 주문하기
9	똑똑한 AI 이용하기	- AI 검색 설정하기 - 무엇이든 물어보세요 - 질문을 바꾸면 답이 바뀐다 - 나만의 AI 키우기

스마트폰 활용 교육 커리큘럼 18회 차 예시

회차	학습 목표	교육내용
10	키오스크 체험 학습 2	- KTX 열차 예매하기 - 무인 판매점에서 셀프 계산하기 - 병원진료, 입퇴원확인서 발급 받기
11	키오스크 현장 학습 2	- 마트에서 생필품 구매 셀프로 하기
12	키오스크 체험 학습 3	- 공항 체크인하기 - 고속버스 승차권 예매하기 - 영화관 티켓 구매하기 - 앱 설치하고 스마트폰 연습하기
13	키오스크 현장 학습 3	- 카페에서 커피, 디저트 주문하기
14	디지털 세상 스마트하게 살아가기	- 스마트폰에 결제카드 등록하기 - 삼성 페이 가입 및 사용방법 - 인증 수단 등록 - 결제카드 추가하기 - 은행 계좌 등록하기
15	카카오 택시 호출하기	- 카카오T 앱 설치하기 - 결제 방법 저장하기 - 도착지, 출발지, 택시 종류 선택하기 - 택시 호출하기 - 택시 이용 시 주의사항
16	알고 나면 편리한 인터넷	- 네이버 바로가기, 즐겨 찾기 - 정보 탐색하기, 음성으로 검색하기 - 음악 찾기, 바로 찍어 번역하기 - 스마트렌즈 활용하기 - 쇼핑 검색하기
17	내 약은 내가 챙겨 먹는다 모바일 건강보험증	- 알약 및 약물 알림, 건강 추적기 - 약 먹는 시간 까먹지 마세요. - 병원 가는 날짜 알림 받기 - 모바일 건강보험증 설치 및 사용하기
18	동영상 만들기 수업 과정 영상 제작 종강	- 멋진 동영상 만들기 - 사진과 영상으로 영화 만들기 - 템플릿 이용하기 - 복습 및 종강